cet exemplaire ~~douteux~~ est le
~~...~~ brouillon de l'auteur ... 1840
...

Voyez page 76 où se trouve
l'écriture de Pline, et une correction
heureuse qu'il a adoptée dans les
éditions suivantes.
La valeur n'est valeur qu'autant
qu'elle est tranquille.

LA MÉTROMANIE

OU

LE POËTE

COMEDIE.

ACTE PREMIER.

SCENE I.

MONDOR, LISETTE.

MONDOR.

CETTE maison des Champs me paroît un bon
    gîte.
Je voudrois bien ne pas en décamper si vîte :
Surtout m'y retrouvant avec tes yeux fripons,
Auprès de qui, pour moi, tous les gîtes sont bons.
Mais de mon Maître ici n'ayant point de nouvelles,
Il faut que je revole à Paris.

LISETTE.

Tu l'appelles ?

A

MONDOR.

Damis. Le connois-tu ?

LISETTE.

Non.

MONDOR.

Adieu donc.

LISETTE.

Adieu.

MONDOR.

On m'a pourtant bien dit : chez Monfieur Francaleu.

LISETTE.

C'eft-là.

MONDOR.

Ne jouë-t'on pas, chez vous, la comedie ?

LISETTE.

Témoin ce rôle encor qu'il faut que j'étudie.

MONDOR.

Le Patron n'a-t'il pas une fille unique ?

LISETTE.

Oui.

MONDOR.

Et qui fort du Couvent depuis peu ?

LISETTE.

D'aujourd'hui.

MONDOR.

Vivement recherchée ?

LISETTE.

Et très-digne de l'être.

MONDOR.

Et vous avez grand monde ?

LISETTE.

A ne pas nous connoître.

MONDOR.

Illumination, bal, concert?

LISETTE.

C'est cela.

MONDOR.

Fête & chere splendide?

LISETTE.

Il est vrai.

MONDOR.

M'y voilà.

Damis doit être ici, chaque mot me le prouve :
Quand le diable en seroit, il faut que je l'y trouve.

LISETTE.

Sa mine, ses habits, son état, sa façon ?

MONDOR.

Oh ! c'est ce qui n'est pas facile à peindre : Non,
Car selon la pensée, où son esprit se plonge,
Sa face, à chaque instant, s'élargit ou s'allonge.
Il se néglige trop, ou se pare à l'excès :
D'état, il n'en a point, n'y n'en aura jamais.
C'est un Homme isolé qui vit en Volontaire :
Qui n'est Bourgeois, Abbé, Robin, ni Militaire :
Qui va, vient, veille, suë, & se tourmentant bien,
Travaille nuit & jour, & jamais ne fait rien.
Du reste, rassemblant dans sa seule Personne,
Tous les Originaux qu'au Théâtre on nous donne,
Misantrope, Étourdi, Complaisant, Glorieux,
Distrait... ce dernier-ci le désigne mieux :
Tenez, s'il est ici, je gage mes oreilles,
Qu'il est dans quelque allée, à bâiller aux corneilles,
S'approchant pas à pas, d'un Ha-ha qui l'attend :
Et qu'il n'appercevra qu'en s'y précipitant.

A ij

LISETTE.

Mais... mais je m'oriente au portrait que vous faites,
N'est-ce pas de ces Gens que l'on nomme Poëtes?

MONDOR.

Oui.

LISETTE.

Nous en avons un.

MONDOR.

C'est lui.

LISETTE.

Peut-être bien.

MONDOR.

Qui donc?

LISETTE.

Le Personnage en tout ressemble au tien:
Sinon que ce n'est pas Damis que l'on le nomme.

MONDOR.

Contente-moi; n'importe; & montre moi cet homme,

LISETTE.

Cherche! Il est à rêver là bas, dans ces bosquets.
Mais vas-y seul: on vient: & je crains les caquets.

SCENE II.

DORANTE, LISETTE.

LISETTE.

DORANTE ici! Dorante!

DORANTE.

Ah Lisette! ah ma belle!
Que je t'embrasse! hé bien! dis-moi donc la nouvelle;
Félicite-moi donc! Quel plaisir! L'heureux jour!
Que ce jour a tardé long-tems à mon amour!

De la chose, avant moi, tu dois être avertie :
Que ne me dis-tu donc que Lucile est sortie ?
Que je vais... Que je puis... Conçois-tu ?...Baise-moi.
LISETTE.
Mais vous n'êtes pas sage ‚ en verité.
DORANTE.

       Pourquoi ?
LISETTE.
Si Monsieur vous trouvoit ? Songez donc où vous êtes ?
Y pensez-vous d'oser venir, comme vous faites,
Chez un homme avec qui votre Pere en procès…
DORANTE.
Bon ! m'a-t'il jamais vû ni de loin ni de près ?
Je vois le Parc ouvert : j'entre.
LISETTE.

       Vous le dirai-je ?
Eussiez-vous cent fois plus d'audace & de manége,
Lucile même à nous, daignât-elle s'unir ;
Je ne sçais trop comment vous pourez l'obtenir.
DORANTE.
Oh je le sçai bien, Moi ! Mon Pere m'idolâtre :
Il n'a que moi d'Enfans : je suis opiniâtre :
Je le veux. Qu'il le veuille. Autrement, (j'ai des mœurs.)
Je ne lui manque point ; mais je fais pis. Je meurs.
LISETTE.
Mais ~~si le grand~~ procès qu'il a…
DORANTE.

       Qu'il y renonce ;
Le Pere de Lucile a gagné. Je prononce.
LISETTE.
Mais si votre Pere ose en apeller ?
DORANTE.

       Jamais.
       A iij

LISETTE.

Mais si...

DORANTE.

Finis de grace : & laisse là tes Mais.

LISETTE.

Croyez-vous donc, Monsieur, vous seul, avoir un Pere?
Le Nôtre y voudra-t'il consentir?

DORANTE.

Je l'espére.

LISETTE.

Moi je l'espere peu.

DORANTE.

Sois en paix là-dessus.

LISETTE.

Le Vieillard est entier.

DORANTE.

Le Jeune homme encor plus.

LISETTE.

Lucile est un Parti...

DORANTE.

Je suis bon pour Lucile.

LISETTE.

Elle a cent mille écus.

DORANTE.

J'en aurai deux cent mile.

LISETTE.

Mais vous aimera-t'elle?

DORANTE.

Ah laisse là ta peur!
Quand je t'en vois douter, tu me perces le cœur.

LISETTE.

Je vous l'ai dit cent fois; c'est une Nonchalante
Qui s'abandonne au cours d'une vie indolente:

De l'amour d'elle-même éprife uniquement ;
Incapable en cela d'aucun attachement ;
Une ~~Idole du Nord~~, une froide Femelle,
Qui voudroit qu'on parlât, que l'on pensât pour elle ;
Et fans agir, fentir, craindre, ni défirer,
N'avoir que l'embarras d'être & de refpirer.
Et vous voulez qu'elle aime! Elle, avoir une intrigue!
Y penfez-vous, Monfieur? Fy donc! cela fatigue.
Voyez, depuis un mois que le cœur vous en dit,
Si votre amour vous laiffe un moment de répit.
Et c'eft ma foi bien pis chez nous que chez les hommes.

DORANTE.

Enfin depuis un mois, fçachons où nous en fommes.

LISETTE.

Elle aime éperdument ces vers paffionnés,
Que votre Ami compofe & que vous nous donnez ;
Et je guette l'inftant d'ofer dire à la Belle,
Que ces vers font de Vous & qu'ils font faits pour Elle.

DORANTE.

Qu'ils font de Moi! Mais c'eft mentir éfrontement.

LISETTE.

Hé bien, je mentirai : mais j'aurai l'agrément
D'intéreffer pour Vous l'Indifférence même.

DORANTE.

Lucile en eft encor à fçavoir que je l'aime!
Que ne profitions-nous de la commodité
De ces vers amoureux dont fon goût eft flatté?
Un trait pouvoit m'y faire aifément reconnoître :
Et, mieux que tu ne crois, m'eût réuffi peut-être.

LISETTE.

Hé non, vous dis-je, non! vous auriez tout gâté ;
L'Indiférence incline à la Sévérité.

A iiij

Il a fallu d'abord préparer toutes chofes ;
De l'Empire amoureux lui déplier les rofes ;
L'induire à fe vouloir baiffer, pour en cueillir.
D'aife, en lifant vos vers, je la vois treffaillir ;
Sur-tout quand un amour qui n'eft plus guére en vogue,
Y brille fous le titre ou d'Idile ou d'Eglogue,
Elle n'a plus l'efprit maintenant occupé,
Que des bords du Lignon, des vallons de Tempé,
De Bergers figurants quelques danfes légères,
Où, tout le jour, affis aux pieds de leurs Bergères ;
Et couronnez de fleurs, au fon du chalumeau,
Le foir, à pas comptez, regagnant le Hameau
    Là voyant s'émouvoir à ces fades efquices,
Et de ces vifions favourer les délices,
J'ai crû devoir mener tout doucement fon cœur,
De l'amour de l'ouvrage, à l'amour de l'autheur.

DORANTE.

C'eft une Eglogue auffi qu'on lui prépare encore ;
Damis, fe leve exprès, chez vous, avant l'aurore.

LISETTE.

Damis !

DORANTE.

    L'auteur des riens dont on fait tant de cas.
Et fa rencontre ici, tout franc, ne me plaît pas.

LISETTE.

Celui que nous nommons Monfieur de l'Empirée ?

DORANTE.

Oui ; fon talent, chez nous, lui donne auffi l'entrée ;
Mon Pere en eft épris jufqu'à l'aimer, je croi.
Un peu plus que ma Mere ; & prefque autant que Moi,

LISETTE.

Laiffons là fon Eglogue.

DORANTE.

    Ah foit ! je l'en difpenfe.

Sur un pareil emprunt, tu sçais comme je pense.
LISETTE.
Monsieur de Francaleu ne vous connoît pas ?
DORANTE.

Non.

LISETTE.
Faites-vous préfenter à lui fous un faux nom.
Ici, l'amour des vers eft un tic de famille :
Le Pere qui les aime, encor plus que la Fille
Regarde votre Ami, comme un Homme divin
Et vous plairez d'abord, préfenté de fa main.
DORANTE.
Il faut lui déguifer la raifon qui m'attire.
LISETTE.
La fureur du Théâtre en eft une à lui dire;
Défirez de joüer avec nous. Juftement
Quelques Acteurs nous font faux bond, en ce moment....
DORANTE.
Ouida, je les remplace & je m'ofre à tout faire.
LISETTE.
A la piece du jour, rendés vous néceffaire,
Il s'agit de cela maintenant: Après quoi...
il poursuis...
DORANTE.
Voici notre Poëte. Adieu. Retire-toi.
le voicy qui vient,

SCENE III.

DORANTE, DAMIS.

DORANTE.
TOUT à l'heure, mon cher, il faut prendre la peine...
DAMIS, *fans l'écouter.*
Non! Jamais fi beau feu ne m'échauffa la veine;

J'ai fabriqué, pour vous, bien des vers jufqu'ici :
Mais je donne ma voix & la palme à ceux-ci.

DORANTE.

Il s'agit…

DAMIS interrompant continuellement Do-
rante.

De vous faire une églogue ; elle eft faite.

DORANTE.

Eh n'allons pas fi vîte !

DAMIS.

Oh mais faite & parfaite.

DORANTE.

Je le crois.

DAMIS.

Au bon coin ceci fera frappé.

DORANTE.

D'accord.

DAMIS.

Et je le donne en quatre au plus huppé

DORANTE.

Laiffons , je vous demande…

DAMIS.

Oui. Du noble & du tendre.

DORANTE perdant patience.

Non ! du tranquile.

DAMIS.

Auffi vous en allez entendre.

DORANTE.

Hé j'en jugerois mal !

DAMIS.

Vous m'impatientez.

Scène 3ᵉ
Damis
(il arrive ... en rêv...
et trouve ... Dorante)

Damis
oh! pour le coup ...
Dorante
Damis! ...
Damis
je suis furieux... c'est...
on me heurte..., on me...
on m'appelle...
à la fin je me crois...
j'y cherche un mot, je...
et je ne finis rien...

Dorante
il s'ag...

Mon amour se restrain...
Non que je ne ressente...
le zèle avec lequel...
(a bonté &ᶜᵃ)

~ Scene 3ª ~
~ Damis ~ Dorante ~
(il arrive en rêvant profondement
et trouve Dorante sur ses pas

~ Damis ~
oh! pour le Coup...

~ Dorante ~
Damis! Damis! écoutez moi

~ Damis ~
je suis furieux: c'est une chose cruelle
on me heurte, on me suit; on m'aloste
on m'appelle:
à la fin je me crois en des lieux bien deserts;
j'y cherche un mot, je l'ay; je vous voy; je le perds
et je ne finis rien:

Dorante
il s'agit d'autre chose:
Mon amour se restraint desormais a la prose.
d'un air je ne ressente ainsi que je le dois
le zele avec lequel vous agissez pour moi
la bonté &ra

DORANTE.

e suis fourd.

DAMIS.

Je crîrai.

DORANTE.

Vainement.

DAMIS.

Ecoutez.

DORANTE.

Quelle rage !

DAMIS.

DAPHNIS & L'ECHO ; Dialogue.

DAPHNIS.

DORANTE *à part.*

Au diable foient l'Echo, l'Homme & l'Eglogue!

DAMIS *récite d'un ton compofé.*

Echo que je retrouve en ce Boccage épais …

DORANTE *d'une voix éclatante.*

Paix ! dit l'Echo : Paix , dis-je ! une bonne fois, Paix !
Sinon …

DAMIS.

Comment, Monfieur? Quand pour vous je compofe…

DORANTE.

Mais quand de vous, Monfieur, on demande autre chofe.

DAMIS *reprenant fa volubilité.*

Ode ? Epître ? Cantate ?

DORANTE.

Ahi !

DAMIS.

Elegie ?

DORANTE.

Hé bien ?

D AMIS.

Portrait ? Sonnet ? Bouquet ? Triolet ? Ballet ?

D O R A N T E.

Rien !

Mon amour se retranche au langage ordinaire ;
Et désormais du vôtre, il n'aura plus affaire.

D A M I S.

C'est autre chose : alors ces vers seront pour Moi.

D O R A N T E.

Non que je ne ressente, ainsi que je le doi,
La bonté que ce jour encor, vous avez euë ;
J'ai regret à la peine.

D A M I S.

Elle n'est pas perduë.

Mes vers, sans aller loin, sçauront où se placer ;
Et l'on a, pour son compte, à qui les adresser.

D O R A N T E *avec émotion.*

Ah vous aimez ?

D A M I S.

Qui donc aimeroit, je vous prie ?

La sensibilité fait tout notre génie.
Le cœur d'un vrai Poëte est promt à s'allumer ;
Et l'on ne l'est qu'autant que l'on sçait bien aimer.

D O R A N T E. *à part.*

Je le crois mon Rival. (*haut.*) Quelle est votre Bergère ?

D A M I S.

De la Vôtre, pour moi, le nom fut un mystère ;
Que le nom de la Mienne en puisse être un pour vous.

D O R A N T E.

Et votre sort, Monsieur, sans doute …

D A M I S.

est des plus doux.

DORANTE.

Une plume si tendre a de quoi plaire aux Belles.

DAMIS.

Ce jour vous en dira peut-être des nouvelles.

DORANTE.

Ce jour . . .

DAMIS.

Est un grand jour.

DORANTE.

(bas) Ah c'est Lucile! (haut) oh çà!
Si vous ne la nommez, du moins dépeignez-la.

DAMIS.

Je le voudrois.

DORANTE.

A qui tient-il? (à part) son froid me tuë.

DAMIS.

Je ne le puis.

DORANTE.

D'où vient?

DAMIS.

Je ne l'ai jamais vuë.

DORANTE.

(bas) C'est elle. (haut) Expliquez-vous.

DAMIS.

Mes termes sont fort clairs.

DORANTE.

D'où naîtroient donc vos feux?

DAMIS.

De son goût pour les vers.

DORANTE.

(bas) De son goût pour les vers! Mon infortune est sûre:
Mais n'importe: feignons & poussons l'avanture.

DAMIS.

Qu'eſt-ce donc? qu'avez-vous? d'où vient ces *à parté*?

DORANTE.

De mon premier objet c'eſt trop m'être écarté.
Revenons au plaiſir que de vous j'oſe attendre.

DAMIS.

Parlez; me voilà prêt: que faut il entreprendre?

DORANTE.

Donnez-moi pour Acteur à Monſieur Francaleu
Je me ſens du talent; & je voudrois un peu,
En m'eſſayant chez lui, voir ce que je ſçais faire.

DAMIS.

Venez.

DORANTE.

Mon nom pouroit me nuire.

DAMIS.

                                Il faut le taire.

Vous êtes mon ami, ce titre ſuffira.
Ecoutez ſeulement les vers qu'il vous lira.
C'eſt un fort galant homme, excellent caractere;
Bon Ami, bon Mari, bon Citoyen, bon Pere;
Mais à l'Humanité, ſi parfait que l'on fut,
Toujours par quelque foible, on paya le tribut.
Le ſien eſt de vouloir rimer malgré Minerve;
De s'être, en cheveux gris, aviſé de ſa verve;
Si l'on peut nommer verve, une démangeaiſon
Qui fait honte à la rime, autant qu'à la raiſon.
Et malheureuſement ce qui vicie, abonde;
Du torrent de ſes vers, ſans ceſſe il nous inonde;
Le premier, il en raille, & ſouvent s'avilit;
Grimace! l'Auteur perce; il les lit, les relit;
Prétend qu'ils faſſent rire; & pour peu qu'on en rie,
Le poignard ſur la gorge, en fait prendre copie,

Rentre en fougue, s'acharne impitoyablement,
Et charmé du flateur, le paye, en l'assommant.

DORANTE.

Oh je suis patient! je veux laffer votre homme;
Et que de l'encensoir ce soit moi qui l'assomme.

DAMIS.

Pour moi je meurs, je tombe, écrasé sous le faix.

DORANTE.

Qui vous retient chez lui?

DAMIS.

Des raisons que je tais;
Et je m'y plairois fort, sans sa Muse funeste
Dont le poison maudit nous glace & nous empeste,
Heureux quand mon esprit vole à sa région,
S'il n'y porte pas l'air de la contagion!
Le voici. Tout le corps me frissonne à l'aproche
Du grisonnage afreux qu'il a toujours en poche.

SCENE IV.

M. FRANCALEU, DORANTE, DAMIS.

M. FRANCALEU.

PESTE soit de ces coups où l'on ne s'attend pas!
Voilà ma piece au diable & mon théâtre à bas.

DAMIS.

Comment donc?

M. FRANCALEU.

Trois Acteurs: l'Amant, l'Oncle, le Pere
Manquant à point nommé, font cette belle affaire.

L'un a la fievre : l'autre un rhume ; & l'autre est mort ;
C'est bien prendre son tems.

DAMIS.

Vraiment ils ont grand tort.

~~M. FRANCALEU.~~
~~Je croyois célébrer le retour de ma Fille ;~~
~~A grands frais je convoque, Amis, Parens, Famille ;~~
~~J'assemble un Auditoire & nombreux & galant ;~~
~~Et nous fermons. Le trait n'est-il pas régalant ?~~

DAMIS *froidement.*

oüy, oüy, ~~Certe~~ les trois sujets étoient bons ; c'est dommage.

M. FRANCALEU.

Quelle sérénité ! Sçavez-vous, quand j'enrage,
Que j'enrage encor plus, si l'on n'enrage aussi ?

DAMIS.

C'est que je vois, Monsieur, bon remede à ceci.
Le rôle des Vieillards n'est pas de longue haleine ;
Les deux Premiers-venus le rempliront sans peine.

M. FRANCALEU.

Mais l'Amant ?

DAMIS *présentant Dorante.*
Mon Ami s'en acquitte à ravir.

DORANTE *à M. Francaleu.*
Monsieur, vous me voyez tout prêt à vous servir.

M. FRANCALEU ~~à Damis.~~
~~Vraiment d'un amoureux il a bien l'encolure.~~

~~DAMIS.~~
~~Et le jeu, croyez-moi, meilleur que la figure.~~

M. FRANCALEU.
Mais il s'agit ici d'un Amant maltraité ;
Et peut-être Monsieur ne l'a jamais été ;

Or

mille graces, M.r, d'une faveur pareille.
[...] Loron [...] l'amour [...] à merveille.

Or il faut, quelque loin qu'un talent puisse atteindre,
Eprouver pour sentir, & sentir pour bien feindre.

DAMIS avéc un rire malin.

Aussi n'ira-t'il pas se chercher en autrui.
Le rôle qu'il accepte est modelé sur lui.
Le pauvre Garçon meurt, meurt ! pour une Inhumaine,
Sans oser déclarer son amoureuse peine ;
De façon qu'il en est encore à s'aviser,
Quand peut-être Quelque autre est tout prêt d'épouser.

DORANTE outré.

Ma situation sans doute est peu commune ;
Et je sens en effet toute mon infortune.

M. FRANCALEU.

Bon, tant mieux ! vous voilà selon notre desir ;
Venez & croyez-moi, vous aurez du plaisir.

Il sort avec Dorante.

DAMIS seul.

J'ai beau le voir parti : je ne m'en crois pas quitte ;
Mais grace à l'embarras qui l'occupe & l'agite,
Sain & sauf, une fois, j'échape à mon bourreau.

M. FRANCALEU revenant vers Damis
comme pour lui confier
un secret bien important.

Attendez-vous à voir quelque chose de beau.
J'acheve de brocher une Piece en six Actes.
La rime & la raison n'y sont pas trop exactes ;
Mais j'en aprête mieux à rire à mes dépens.

Il s'en retourne.

B

SCENE V.

DAMIS.

ET je n'armerois pas contre ce guet à pens ?
Ce devroit être fait. Qu'il reste à sa Campagne,
Ou me vienne chercher au fond de la Bretagne.
L'Amour m'y tend les bras. Mon cœur m'a devancé.
C'est un nœud que de loin l'Esprit a commencé.
Il est tems que la vuë & l'acheve & le serre.
Partons.

SCENE VI.

DAMIS, MONDOR.

MONDOR *rendant une lettre à Damis.*

AH grace au Ciel ! enfin je vous déterre !
Je vous cherche, Monsieur, depuis huit jours en-
tiers ;
Et de Paris cent fois j'ai fait tous les Quartiers.
J'ai craint au bord de l'eau, vos visions cornuës ;
Que cherchant quelque rime & lisant dans les nuës,
Pégase imprudemment, la bride sur le cou,
N'eût voituré la Muse aux filets de Saint-Clou.

DAMIS *à part en reserrant la lettre qu'il a luë.*

Oh oh ! bon gré, malgré , voici qui me retarde.

MONDOR.

Ecoutez donc ! Monſieur ; ma foi, prenez-y garde.
Un beau jour…

DAMIS.

Un beau jour, ne te tairas-tu point ?

MONDOR.

A votre aiſe. Après tout, liberté ſur ce point.
Enfin quelqu'un m'a dit qu'ici vous pouviez être.
Mais perſonne, Monſieur, ne veut vous y connoître ;
Et dans ce vaſte Enclos que j'ai tout parcouru,
Je vous manquois encor, ſi vous n'euſſiez paru.

DAMIS.

De mes Admirateurs tout cet Enclos fourmille :
Mais tu m'as demandé par mon nom de famille ?

MONDOR.

Sans doute ; comment donc aurois-je interrogé ?

DAMIS.

Je n'ai plus ce nom là.

MONDOR.

Vous en avez changé ?

DAMIS.

Oui, j'ai, depuis huit jours, imité mes Confreres,
Sous leur nom veritable, ils ne s'illuſtrent guéres ;
Et, parmi ces Meſſieurs, c'eſt l'uſage commun,
De prendre un nom de Terre, ou de s'en forger un.

MONDOR.

Votre nom maintenant c'eſt donc ?

DAMIS.

De l'Empirée.
Et j'en oſerois bien garantir la durée.

MONDOR.

De l'Empirée ? ouida ! N'ayant, ſous l'Horizon,
Ni feu ni lieu qui puiſſe allonger votre nom,

~~Et ne possédant rien sous la Votre céleste,~~
~~Le nom de l'Envelope est tout ce qui vous reste.~~
~~Voilà donc votre Esprit devenu~~ vous voila grand Terrien.
L'espace est vaste : aussi s'y promene-t'il bien.
Mais quand il va là-haut, lui seul à sa Campagne,
Que le Corps, ici bas, soufre qu'on l'accompagne:

DAMIS.

Et crois-tu donc qu'un Homme à talens, Tel que Moi,
Puisse régler sa marche & disposer de soi?
Les Gens de mon espece ont le destin des Belles.
Tout le monde voudroit nous enlever comme Elles.

† prest de rentrer chez moi, j'allois a pas comptez
un Carrosse tout Court S'arrête à mes Côtez,
La portiere entrouverte on m'appelle je mon[te]
et quand je veux deslendre en Suite, on n'en
tient Compte.
j'ai beau dire — on S'en moque, et toujours
disputant
de Six jeunes chevaux (Attelage eclatan[t]
[il]e roule

~~Ensuite un Equipage & commode & pompeux~~
Me roule, en un quart d'heure, à ce Lieu de plaisance,
Où je ris, chante & bois. Le tout, par complaisance.

M O N D O R.

Par complaifance! foit. Mais vous ne fçavez pas?

D A M I S.

Hé quoi?

M O N D O R.

Pendant qu'aux Champs, vous prenez vos ébats,
La Fortune, à la Ville, en eft un peu jaloufe.
Monfieur Baliveau...

D A M I S.

Heim?

M O N D O R.

Votre Oncle de Touloufe...

D A M I S.

Après?

M O N D O R.

Eft à Paris.

D A M I S.

Qu'il y refte.

M O N D O R.

Fort bien.
Sans croire, fans vouloir que vous en fçachiez rien.

D A M I S.

Pourquoi donc me le dire?

M O N D O R.

Ah quelle indiférence!
Et rien eft-il pour vous de plus de conféquence?
Un Oncle riche & vieux dont votre fort dépend;
Qui, du bien qu'il vous veut, fans ceffe fe repent;
Prétendant, fur fon goût, regler votre génie;
De vos diables de vers, déteftant la manie;
Et qui, depuis cinq ans bien comptez, Dieu merci,
Pour faire votre droit, nous penfionne ici.

Attendez-vous, Monſieur, à d'horribles tempêtes.
Il vient *incognito*, pour voir où vous en êtes.
Peut-être il ſçait déja que vous donnant l'eſſor,
Vous n'avez pris ici d'autre licence encor,
Que celles qu'il craignoit, & que dans vos rubriques,
Vous nommez, entre vous, *Licences poëtiques.*
Ah, Monſieur! redoutez ſon indignation!
Vous aurez encouru l'exhérédation.
Ce mot doit vous toucher, ou votre ame eſt bien dure.

DAMIS *donnant tranquillement un papier à Mondor.*

Mondor, porte ces vers à l'Auteur du Mercure.

MONDOR *refuſant de le prendre.*

Beau fruit de mon ſermon!

DAMIS.

Digne du Sermoneur.

MONDOR.

Et que doit nous valoir ce papier?

DAMIS.

De l'honnèur.

MONDOR *ſecoüant la tête.*

Bon! De l'honneur.

DAMIS.

Tu crois que je dis des ſornettes?

MONDOR.

C'eſt qu'on n'a point d'honneur à mal payer ſes dettes;
Et qu'avec celui-ci, vous les paîrés très-mal.

DAMIS.

Qu'un Valet raiſonneur eſt un ſot animal!
Eh fais ce qu'on te dit.

MONDOR.

Auſſi, ne vous déplaiſe,
Vous en parlez, Monſieur, un peu trop à votre aiſe.

Vous avez les plaisirs : & Moi , tout l'embarras.
Vous & vos Créanciers , je vous ai sur les bras.
C'est moi qui les écoute & qui les congédie.
Je suis las de joüer , pour vous , la comédie ;
De vous celer ; d'oser remettre au lendemain ,
Pour emprunter encor , avec un front d'airain.
Ma probité répugne à ces façons de vivre.
De ce Monde aboyant , cherchez qui vous délivre.
Pour moi, plein désormais d'un juste repentir ,
J'abandonne le rôle , & ne veux plus mentir.
Viennent Baigneur , Marchand , Tailleur , Hôte , Au-
     bergiste ,
Que leur Cour vous talonne & vous suive à la piste ;
Tirez-vous-en vous seul ; & voyons une fois....

> DAMIS *lui tendant une seconde fois le même papier.*

Tu me rapporteras le Mercure du mois.
Entends tu ?

> MONDOR *refusant encore de le prendre.*

Trouvez bon aussi que je revienne ,
Environné des Gens que je vous nomme.

> DAMIS.

Amene,

> MONDOR.

Vous pensez rire ?

> DAMIS.
Non.
> MONDOR.

Vous verrez.

> DAMIS.

Je t'attends.

> MONDOR.

Ho bien , vous en allez avoir le passe-tems.

DAMIS.

Et Toi, celui de voir des Gens comblez de joye.

MONDOR.

Les paîrez-vous?

DAMIS.

Sans doute.

MONDOR.

Avec quelle monnoye?

DAMIS.

Ne t'embaraffe pas.

MONDOR *à part.*

Oüais! Seroit-il en fonds?

DAMIS.

Arrangeons-nous déja fur ce que nous devons.

MONDOR *à part.*

Morbleu! C'eft pour m'aprendre à pefer mes paroles.

DAMIS.

Au Répetiteur?

MONDOR *d'un ton radouci.*

Trente ou quarante piftoles.

DAMIS.

A ma Lingère? A l'Hôte? Au Perruquier?

MONDOR.

Autant.

DAMIS.

Au Tailleur?

MONDOR.

Quatrevingt.

DAMIS.

A la penfion?

MONDOR.

Cent.

DAMIS.

A Toi?

MONDOR *reculant avec de profondes re-*
verences.

Monfieur…

DAMIS.

Combien?

MONDOR.

Monfieur…

DAMIS.

Parle.

MONDOR,

J'abufe…

DAMIS.

De ma patience!

MONDOR,

Oui : je vous demande excufe..
Il eft vrai que… le zéle… a manqué de… refpeck ;
Mais le paffé rendoit l'avenir très-fufpeck.

DAMIS.

Cent écus. Suppofons. Plus ou moins. Il n'importe.
Ça, partageons les prix que dans peu je remporte.

MONDOR.

Les prix ?

DAMIS.

Oui ; de l'argent, de l'or qu'en lieux divers ;
La France diftribuë à qui fait mieux les vers.
A Paris, à Roüen, à Touloufe, à Marfeille.
Je concourrai partout : Partout ferai merveille…

MONDOR.

Ah! fi bien que Paris païra donc le loyer ;
Roüen, le Maître en droit ; Touloufe, le Barbier ;
Marfeille, la Lingere ; & le Diable, mes gages.

DAMIS.

Tu doutes qu'en tous lieux, j'emporte les sufrages.

MONDOR.

Non; ne doutons de rien. Et, sur un fond meilleur,
N'hypothéquez-vous pas l'Auberge & le Tailleur?

DAMIS.

Sans doute; Et sur un fonds de la plus noble espece.
Le Théâtre François donne aujourd'hui ma Piece.
Le secret m'est gardé. Hors un Acteur & Toi,
Personne au monde encor ne sçait qu'elle est de Moi.
Ce soir même, on la joüé : En voici la nouvelle.
Mon talent, à l'Europe aujourd'hui se révele.
Vers l'immortalité je fais les premiers pas,
Cher ami ! Que pour moi, ce grand jour a d'apas !
~~Autre espoir.~~

MONDOR.

j'enrage. ~~Chymérique.~~

DAMIS.

Autre bonheur ! Une Fille adorable.
Rare, célébre, unique, habile, incomparable....

MONDOR.

De cette Fille unique, après, qu'esperez-vous ?

DAMIS.

Aujourd'hui triomphant, demain j'en suis l'Epoux.

Demain... *à Mondor qui s'en va.* Où vas-tu donc ? Mondor.

MONDOR.

Chercher un Maître.

DAMIS.

Et pourquoi tout-à coup suis-je indigne de l'être ?

MONDOR.

C'est que l'air est, Monsieur, un fort sot aliment.

DAMIS.

Qui te veut nourrir d'air ? Es-tu fou ?

MONDOR.

Nullement.

DAMIS.

Ma foi tu n'eſt pas ſage : Eh quoi ? Tu te révoltes.
A la veille, que dis-je ? Au moment des récoltes.
Car enfin raſſemblons (Puiſqu'il faut avec Toi,
Deſcendre à des détails ſi peu dignes de Moi)
Raſſemblons, en un point de préciſion ſûre,
L'état de ma fortune & préſente & future.
De tes gages déja le paîment eſt certain.
Ce ſoir, une partie ; & l'autre, après-demain.
Je réuſſis : J'épouſe une Femme ſçavante.
Voi le bel avenir qui de là ſe préſente.
Voi naître tour à tour de nos feux triomphans,
Des piéces de Théâtre, & de rares Enfans.
Les Aiglons généreux & dignes de leurs Races,
A peine encor éclos voleront ſur nos traces.
Ayons-en trois. Léguons le Comique au premier;
Le Tragique au ſecond ; le Lyrique, au dernier.
Par eux ſeuls, en tous lieux, la Scène eſt occupée.
Qu'à l'envi cependant, donnant dans l'Epopée,
Et mon Epouſe & Moi, nous ne lâchions par an,
Moi, qu'un demi-Poëme ; Elle, que ſon Roman :
Vers nous, de tous côtés, nous attirons la foule.
Voilà dans la Maiſon, l'or & l'argent qui roule ;
Et notre eſprit qui met, grace à notre union,
Le Théâtre & la Preſſe, à contribution.

MONDOR.

En bonne opinion, vous êtes un rare homme ;
Et ſur cet oreiller, vous dormez d'un bon ſomme.

Maïs un coup de siflet peut vous réveiller.

DAMIS lui faisant prendre enfin le papier.

Pars.

L'embarras où je suis mérite, un peu d'égards.
Une Piece affichée ; une autre, dans la tête ;
Une, où je jouë : une autre, à lire toute prête.
Voilà de quoi sans doute avoir l'esprit tendu.

MONDOR.

Peut-être un héritage & bien du tems perdu.

Fin du Premier Acte.

ACTE SECOND.

SCENE I.

M. BALIVEAU, M. FRANCALEU.

M. BALIVEAU.

L'HEUREUX tempéramment ! Ma joye en est ex‑
    trême.
Gai, vif, aimant à rire ; Enfin toujours le même.

M. FRANCALEU.

C'est que je vous revois. Oui, mon cher Baliveau,
Embrassons-nous encor ; & que tout de nouveau,
De l'ancienne amitié ce témoignage éclatte.
Le séparation n'est pas de fraîche datte.
Convenez que, pendant l'intervale écoulé,
La Parque, à la sourdine, a diablement filé.
En auriez-vous l'humeur moins gaillarde & moins vive?
Pour moi, je suis de tout ; Joueur, Amant, Convive;
Fréquentant, fêtoyant les bons Faiseurs de vers:
J'en fais même, comme Eux.

M. BALIVEAU.
Comme Eux ?

M. FRANCALEU.
Oui.

M. BALIVEAU.
Quel travers !

 ## LA METROMANIE,

M. FRANCALEU.

Pas tout-à-fait comme Eux ; car je les fais fans peine.
Auſſi, quand je les lis ; contre eux l'on ſe déchaîne :
Mais, ſous un autre nom, ma Muſe, en tapinois,
Se fait, dans le Mercure, aplaudir tous les mois.

M. BALIVEAU.

Comment ?

M. FRANCALEU.

J'y prens le nom d'une Baſſe-Bretonne.
Sous ce voile étranger, je ris, je plais, j'étonne ;
Et le Maſque femelle agaçant le Lecteur,
De Tel qui m'eût raillé, fait mon Adorateur.

M. BALIVEAU *à part.*

Il eſt devenu fou.

M. FRANCALEU.

Liſez-vous le Mercure ?

M. BALIVEAU.

Jamais.

M. FRANCALEU.

Tantpis, mortbleu ! tantpis ! Bonne lecture !
Liſez celui du mois ; vous y verrez encor,
Comme aux dépens d'un Fou, je m'y donne l'eſſor.
Je ne ſçais pas qui c'eſt. Mais le Benêt s'abuſe,
Juſques-là qu'il me nomme une dixiéme Muſe ;
Et qu'il me veut, pour Femme, avoir abſolument.
Moi, J'ai par un Sonnet, ripoſté galament.
Je goûte à ce commerce, un plaiſir incroyable !
Et vous ne trouvez pas l'avanture impayable ?

M. BALIVEAU.

Ma foi, je n'aime point que vous ayez donné
Dans un goût pour lequel vous étiez ſi peu né.
Vous Poëte ! Hé bon Dieu ! depuis quand ? Vous !

M. FRANCALEU.

Moi-même.

Je ne fçaurois vous dire au jufte le quantiéme.
Dans ma tête, un beau jour, ce talent fe trouva;
Et j'avois cinquante ans, quand cela m'arriva.
Enfin je veux, chez moi, que tout chante & tout rie.
L'âge avance: & le goût, avec l'âge, varie;
Je ne fçaurois fixer le tems ni les defirs;
Mais je fixe du moins chez moi, tous les plaifirs.
Nous joüons une Piece aujourd'hui très-plaifante.
J'en fuis l'Auteur. Elle a pour titre: l'Indolente.
Ridicule jamais ne fut fi bien daubé;
Er vous êtes, pour rire, on ne peut mieux tombé.

M. BALIVEAU.

Ne comptez pas fur moi. J'ai quelque afaire en tête,
Qui de moi ne feroit, chez vous, qu'un trouble-fête.

M. FRANCALEU.

Et quelle affaire encor?

M. BALIVEAU.

Un diable de Neveu
Me fait, par fes écarts, mourir à petit-feu.
C'eft un Garçon d'efprit, d'affez belle apparence,
De qui j'avois conçû la plus haute efperance.
J'en fis l'unique objet d'un foin tout paternel.
Mais rien ne rectifie un mauvais naturel.
Pour achever fon droit, (n'eft-ce pas une honte?)
Il eft, depuis cinq ans, à Paris; de bon compte.
J'arrive; Je le trouve encore au premier pas.
Vagabond, dérangé, fans ce qu'on ne fçait pas.
Ne pourrois-je obtenir, pour peu qu'on me feconde,
Un Ordre qui le mette en lieu qui m'en réponde?
Ne connoiffant perfonne & vous fçachant ici,

Je venois…

M. FRANCALEU

Vous aurez cet ordre.

M. BALIVEAU.

Grammerci.

M. FRANCALEU.

Mais plaisir pour plaisir.

M. BALIVEAU.

Pour vous que puis-je faire?

M. FRANCALEU.

Dans la Piece du jour prendre un rôle de Pere.

M. BALIVEAU.

Un rôle, à Moi?

M. FRANCALEU.

Sans doute, à vous.

M. BALIVEAU.

C'est tout de bon?

M. FRANCALEU.

Oui; N'êtes-vous pas bien de l'âge d'un Barbon ?

M. BALIVEAU.

Soit. Mais…

M. FRANCALEU.

Vous en avez les dehors?

M. BALIVEAU.

Je l'avouë.

M. FRANCALEU.

Affez, l'humeur?

M. BALIVEAU.

Que trop.

M. FRANCALEU.

Et tant foit peu, la mouë?

M. BALIVEAU.

M. BALIVEAU.

Avec raifon.

M. FRANCALEU.

Et puis le rôle n'eft pas fort?

M. BALIVEAU.

Tel qu'il foit, j'y répugne.

M. FRANCALEU.

Il faut faire un éfort.

M. BALIVEAU.

Hé fy! Que dira-t'on?

M. FRANCALEU.

Que voulez-vous qu'on dife?

M. BALIVEAU.

Un Capitoul!

M. FRANCALEU.
Hé bien?

M. BALIVEAU.
La gravité!

M. FRANCALEU.

Sottife!

M. BALIVEAU.
Ma noblefle d'ailleurs!

M. FRANCALEU.
Vous n'êtes pas connu?

M. BALIVEAU.

D'accord.

M. FRANCALEU *lui donnant le rôle.*
Tenez, tenez.

M. BALIVEAU.
Quoi? Je ferois venu…

M. FRANCALEU.
Pour recevoir enfemble & rendre un bon ofice.

M. BALIVEAU.

Je vois bien qu'il faudra qu'à la fin j'obéisse.
~~Mon Coquin paîra donc...~~
Vous me promettez donc que mon fripon

M. FRANCALEU. *Demain —*

~~Oui, oui: J'en suis garand;~~
~~Demain, l'on vous le cofre au Fauxbourg S. Laurent.~~
Je vous le garantis cofre de grand matin.

M. BALIVEAU.

Il faudra commencer par sçavoir où le prendre.

M. FRANCALEU.

Dans son lit.

M. BALIVEAU.

C'est bien dit, s'il lui plaît de s'y rendre.
Mais son Hôte ne sçait ce qu'il est devenu.

M. FRANCALEU.

On sçaura bien l'avoir, après l'ordre obtenu.
Adieu. Car il est tems de vous mettre à l'étude.

M. BALIVEAU.

Je vais donc m'enfoncer dans cette solitude;
Et là, gesticulant & brâillant tout le saoû,
Faire un aprentissage en vérité bien fou.

SCENE II.

M. FRANCALEU, LISETTE.

Moi, je fais l'Oncle, & toi, Lisette, es-tu contente?
Tu voulois un beau rôle; & tu fais l'Indolente.
Reste à s'en bien tirer. Ma Fille est sous tes yeux.
Tâche à la copier. Tu ne peux faire mieux.
Le modéle est parfait.

LISETTE.

N'en soyez pas en peine.
Je veux lui ressembler au point qu'on s'y méprenne.

J'ai d'abord un habit en tout pareil au fien :
J'ai fa taille : j'aurai fon gefte & fon maintien ;
Et je prétends fi bien repréfenter l'Idole,
Qu'elle fe reconnoiffe à la fadeur du rôle ;
Et comme en un miroir, s'y voyant traits pour traits,
Que l'infipidité l'en dégoûte à jamais.
~~Car, Monfieur, Excufez ; mais Vous & votre Femme,~~
~~Vous avez fait un corps où je veux mettre une ame.~~

M. FRANCALEU.

L'Indolence en effet laiffe tout ignorer ;
Et combien l'Ignorance en fait-elle égarer ?
Le danger vole autour de la fimple Colombe ;
Et fans lumiere enfin, le moyen qu'on ne tombe !
Tu feras donc fort bien de la morigéner.
Qu'elle fçache connoître, aplaudir, condamner.
Qu'à fon gré d'Elle-même, Elle difpofe enfuite.
Le penchant fatisfait répond de la conduite.
C'eft contre le torrent du fiécle intéreffé :
Mais me regardât-on comme un Pere infenfé ;
Je veux qu'à tous égards, ma Fille foit contente ;
Que l'Epoux qu'elle aura, foit felon fon attente ;
Qu'elle n'écoute qu'Elle & que fon propre cœur ;
Sur un choix qui fera fa perte ou fon bonheur.
Qu'elle s'explique enfin là-deffus fans fineffe.
Ce lieu raffemble exprès une belle Jeuneffe ;
Vingt honnêtes Partis dont le meilleur, je croi ;
Ne refufera pas de s'allier à Moi.
Ma Fille eft riche & belle. En un mot je la donne
Au premier qui lui plaît ; je n'excepte perfonne.

LISETTE.

Pas même le Poëte ?

M. FRANCALEU.

Au contraire, c'eft Lui

C ij

Que je préférerois à tout Autre aujourd'hui.

LISETTE.

Je ne le crois pas riche.

M. FRANCALEU.

Hé bien , j'en ai de reste.
J'aurai fait un Heureux. C'est passe-tems céleste.
Favorisant ainsi l'Honnête-homme indigent ,
Le Mérite , une fois , aura valu l'Argent.

LISETTE.

Je vois dans ce choix libre , un contretems à craindre
Qui rendroit votre Fille extrêmement à plaindre.

M. FRANCALEU.

Quoi donc ?

LISETTE.

C'est que son choix pourroit tomber très-bien
Sur Tel qui , sur une Autre , auroit fixé le sien ;
Et pour lors il seroit moins aisé qu'on ne pense ,
De ramener son cœur à de l'Indiférence.

SCENE III.

M. FRANCALEU , DORANTE , LISETTE.

M. FRANCALEU, *sans voir Dorante.*

TU parles juste. Aussi j'ai pris soin de sçavoir
L'histoire de tous Ceux qu'ici j'ai voulu voir.

LISETTE.

Et celle du Jeune homme à qui l'on donne un rôle :
La sçavez-vous ?　　　　　　(*Dorante redouble ici d'attention.*)

M. FRANCALEU.

On dit à propos que le drôle....

LISETTE.
Je vous en avertis ; il eſt fort amoureux.
Pour ne pas nous jetter dans un cas dangereux,
Très-poſitivement ſongez donc à l'exclure.

M. FRANCALEU.
J'y cours tout de ce pas ; tu peux en être ſûre ;
Et vais, à la douceur joignant l'autorité,
Laiſſer un libre choix, ce Jeune homme excepté.

SCENE IV.

DORANTE, LISETTE.

DORANTE ſe préſentant devant Liſette.
JE ne t'interromps point.

LISETTE.
Bien malgré vous, je gage.

DORANTE.
Non. J'écoute, j'admire : & je me tais. Courage !

LISETTE.
Vous vous trouverez bien de n'avoir pas parlé.

DORANTE.
En effet ; Me voilà joliment inſtalé.

LISETTE.
Inſtalé ? Tout des mieux ! J'en répons.

DORANTE.
Quelle audace !
Quoi ? Tu peux, ſans rougir, me regarder en face ?

LISETTE.
Pourquoi donc, s'il vous plaît, baiſſerois-je les yeux ?

DORANTE.
Après l'excluſion qu'on me donne en ces lieux ?

C iij

LISETTE.

Hé ! C'eſt le coup de maître !

DORANTE.

Il eſt bon là !

LISETTE.

Sans doute.

Ne décidons jamais où nous ne voyons goute.

DORANTE.

Quoi ? Tu me feras voir . . . .

LISETTE.

Oh ! qui va rondement ;

Ne daigne pas entrer en éclairciſſement.

DORANTE.

Je n'en demande plus. Ma perte étoit jurée.
Je trouve, en mon chemin, Monſieur de l'Empirée.
Il aime ; il a ſçû plaire : Oui, je le tiens de lui.
J'ignorois ſeulement quel étoit ſon apui.
Mais ſans voir ta Maîtreſſe, il oſoit tout écrire ;
Tandis qu'en la voyant, moi, je n'oſois rien dire ;
Et ta bouche infidelle ouverte en ſa faveur,
Des vers, que j'empruntois, le déclaroit l'Auteur.

LISETTE.

Vous croyez que je ſers le Poëte ?

DORANTE.

Oui, Perfide !

LISETTE.

Vous ne croyez donc pas que l'intérêt me guide.
Pauvre cervelle ! Ainſi je l'ai donc bien ſervi,
Quand j'ai formé le plan que vous avez ſuivi ?
Quand je vous établis dans les lieux où vous êtes ?
Quand je ſonge à tenir les routes toutes prêtes,
Pour vous conduire au but, où pas un ne parvient ?
Et quand enfin . . . allez ! Je ne ſçais qui me tient . . .

DORANTE.
Mais cette exclusion, que veux-tu que j'en pense?
LISETTE.
Tout ce qu'il vous plaira ; je hais la défiance.
DORANTE.
Encore ! A quoi d'heureux peut-elle préparer?
LISETTE.
A vous tirer du pair ; à vous faire adorer.
Tel est le cœur humain, surtout celui des femmes.
Un ascendant mutin fait naître dans nos ames,
Pour ce qu'on nous permet, un dégout triomphant;
Et le goût le plus vif, pour ce qu'on nous défend.
DORANTE.
Mais si cet ascendant se taisoit dans Lucile?
LISETTE.
Oh que non ! L'Indolence est toujours indocile.
Et telle qu'est la sienne, à ce que j'en puis voir,
La contrariété seule peut l'émouvoir.
Ce n'est pas même assez des défenses du Pere,
Si je ne les seconde, en Duegne sévere.
DORANTE.
Hé bien, les yeux fermés, je m'abandonne à toi.
LISETTE.
Défense encor d'oser lui parler avant Moi.
DORANTE.
Oh, c'est aussi aussi trop loin pousser la patience !
LISETTE.
Dans un quart-d'heure au plus, je vous livre audiance.
DORANTE.
Dans un quart-d'heure ?
LISETTE.
Au plus. Promenez-vous là-bas;
Tenez. Dans un moment j'y conduirai ses pas.

La voici. Partez donc. Laissez-nous.

DORANTE.

Quel suplice !

LISETTE.

Désirez-vous ou non qu'on vous rende service ?

DORANTE.

L'éviter ?

LISETTE.

Ou tout perdre.

DORANTE.

Ah , que c'est à regret !

Il fait des révérences à Lucile, qui les lui rend. Il les réitere jusqu'à ce que par un geste impérieux Lisette lui fait signe de se retirer au moment qu'il paroissoit tenté d'aborder.

SCENE V.

LISETTE, LUCILE.

LISETTE.

VOILA , Mademoiselle , un Cavalier bienfait.

LUCILE.

J'y prends peu garde.

LISETTE.

Aimable , autant qu'on le peut être.

LUCILE.

Tu le dis , Je le croi.

LISETTE.

Vous semblez le connoître.

LUCILE.

Je l'ai vû quelquefois au Parloir.

LISETTE.

Sans plaisir ?

LUCILE.

Ni chagrin.

LISETTE.

Si j'avois, comme vous, à choisir ;
Celui-là, je l'avouë, auroit la préférence.

LUCILE.

La Multitude augmente en moi l'indiférence.
Je hais de ces Galants le concours importun ;
Et tu ne verras pas que j'en regarde aucun.

LISETTE.

Quoi ? Sans yeux pour eux tous ! On vous fera dédire.

LUCILE.

Si j'en ai ; ce sera pour un seul.

LISETTE.

C'est-à-dire
Qu'en faveur de ce seul, votre cœur se résout ;
Et que le choix en est déja fait ?

LUCILE.

Point du tout.
Je ne le veux choisir, ni ne le connois même.
Mon Pere le désigne, il défend que je l'aime ;
J'obéirai. Je sçais le devoir d'un Enfant.
Nous n'oserions aimer, lorsqu'on nous le défend.

LISETTE.

Oh non !

LUCILE.

Mais, devoit-il, sçachant mon caractere,
M'embarasser l'esprit d'une défense austere ?

LISETTE.

En effet.

LUCILE.

Exiger par-delà ma froideur ?
Et de l'obéissance, où m'eût sufi l'humeur ?

LISETTE.
Cela pique.

LUCILE.
Voyons ce Conquerant terrible,
Pour qui l'on craint si fort que je ne sois sensible.
La curiosité me fera succomber;
Et sur lui seul enfin, mes regards vont tomber.

LISETTE.
On vous l'aura donc bien désigné? Lequel est-ce?

LUCILE.
C'est Celui qui joûra l'Amoureux dans la Piece.

LISETTE.
C'est Celui qui joûra...

LUCILE.
Quel air d'austérité!

LISETTE.
Mademoiselle. Point de curiosité.
C'est bien innocemment que j'ai pris la licence
De vous insinüer la desobéissance.

LUCILE.
Qu'est-ce à dire?

LISETTE.
Oubliez ce que je vous ai dit.

LUCILE.
Quoi?

LISETTE.
Vous venez de voir Celui dont il s'agit.
Ma préférence étoit un fort mauvais précepte.

LUCILE.
Quoi, Lisette, c'est-à Celui que l'on excepte?

LISETTE.
Lui-même. Rendez grace à l'innattention
Qui ferma votre cœur à la séduction.

Vous gagnez toute chose à ne le pas connoître.
Le devoir eût eu peine à se rendre le maître ;
Et sûre de l'aveu d'un Pere complaisant,
Vous n'eussiez pas remis le choix jusqu'à-présent.

LUCILE.

Mille choses de lui maintenant me reviennent,
Qui véritablement engagent & préviennent.

LISETTE.

Ce que depuis un mois, de lui vous avez lû,
Témoigne assez combien son esprit vous eût plû.

LUCILE.

Quoi ? ces vers que je lis, que je relis sans cesse…

LISETTE.

Sont les siens.

LUCILE.

Quel esprit ! Quelle délicatesse !
De plaisirs & de jeux, quel mélange amusant !
Que, sous des traits si doux, l'amour est séduisant !
L'Auteur veut plaire, & plaît sans doute à quelque Belle
A qui l'on doit le feu dont sa plume étincelle.

LISETTE.

C'est ce qu'apparemment votre Pere en conclud,
Et la raison qui fait que son ordre l'exclud.
Il craint que vous n'aimiez la conquête d'une Autre…
D'une Autre ! Mais j'y songe : & si c'étoit la Vôtre ?
Vous riez : & moi, non. C'est au plus sérieux.
Les vers étoient pour vous. J'ouvre à la fin les yeux.
Oui ; je vous reconnois traits pour traits dans l'image
De Celle à qui s'adresse un si galant hommage.

LUCILE.

Je remarque en éfet… Prenons par ce chemin.
Monsieur de l'Empirée aproche, un Livre en main.

On m'a, pour le choisir, presque tyrannisée ;
Et mon ame jamais n'y fut moins disposée.

LISETTE *seule.*

Bon ! Ce préliminaire est, je crois, sufisant ;
Et Dorante, s'il veut, peut traiter à présent.

SCENE VI.

LISETTE, MONDOR.

MONDOR.

Lisette, ai-je un Rival ici ? Qu'il disparoisse.

LISETTE.

S'il me plaît.

MONDOR.

Plaise ou non. Tu n'es plus ta maîtresse.

LISETTE.

Comment ?

MONDOR.

Tu m'apartiens.

LISETTE.

Et de quel droit encor ?

MONDOR.

Lucile est à Damis. Donc, Lisette à Mondor.

LISETTE.

Lucile est à ton Maître ? Ah tout beau ! J'en apelle !

MONDOR.

Il ne lui manque plus que l'aveu de la Belle.

Celui du Pere eſt ſûr, à tout ce que j'entens.
LISETTE.
La belle avance !

MONDOR.
Ecoute !

LISETTE.

Oh je n'ai pas le tems !

Liſette s'échappe, & Mondor la ſuit.

SCENE VII.

DAMIS *le Mercure à la main.*

OUi, divine Inconnuë ! Oui, céleſte Bretonne !
Poſſédez ſeule un cœur que je vous abandonne !
Sans la fatalité de ce jour, où mon front
Ceint le premier laurier, ou rougit d'un afront ;
J'abandonnois ces lieux ; & volois où vous êtes.

SCENE VIII.

DAMIS, MONDOR.

MONDOR.

JE ne m'étonne plus, ſi nous payons nos dettes.
Entre vingt Prétendans, l'on vous le donne beau ;
Et vous avez pour vous, Monſieur, l'air du bureau.

DAMIS *ſans l'écouter ni le voir.*

Si, comme je le crois, ma piece eſt aplaudie,
Vous êtes la Puiſſance, à qui je la dédie.

Vous eûtes un esprit que la France admira ;
J'en eus un qui vous plut : l'Univers le sçaura.

Il donne à Mondor du livre par le nez.

MONDOR.

Ouf!

DAMIS.

Qui te sçavoit-là ? Dis.

MONDOR.

Maugrebleu du geste !

DAMIS.

Tu m'écoutois ? Hé bien , râille ! blâme ! conteste !
Dis encor que mon Art ne sert qu'à m'éblouïr.
Tu vois ; Je suis heureux.

MONDOR.

Plus que sage.

DAMIS.

A t'oüir,
Je ne me repaissois que de vaines chiméres.

MONDOR.

Votre bonheur , tout franc , ne se devinoit guéres.

DAMIS.

Par un sot comme Toi.

MONDOR.

Mondieu ! pas tant d'orgueil.
Vous ne pouviez manquer d'être vû de bon œil.
Vous trouvez un Esprit de la trempe du vôtre ;
Mais vous n'eussiez jamais réussi près d'un Autre.

DAMIS.

De pas une Autre aussi je ne me soucirois.
Celle-ci seule a tout ce que je désirois.
De ma Muse , Elle seule épuisant les caresses,
Me fait prendre congé de toutes mes Maîtresses.

MONDOR.

Il faudroit en avoir, pour en prendre congé.

DAMIS.

Je ne te parle auſſi que de Celles que j'ai.

MONDOR.

Vous n'en eûtes jamais. J'ai de bons yeux peut-être.
Un Valet veut tout voir ; voit tout : & ſçait ſon Maître,
Comme, à l'Obſervatoire, un Sçavant ſçait les Cieux ;
Et vous même, Monſieur, ne vous ſçavez pas mieux.

DAMIS.

Pas tant d'orgueil, toi-même, Ami ! vas, tu t'abuſes.
En fait d'amour, le cœur d'un Favori des Muſes
Eſt un Aſtre, vers qui l'Entendement humain
Dreſſeroit d'ici-bas ſon théleſcope en vain.
Sa ſphere eſt au-deſſus de toute Intelligence.
L'Illuſion nous frappe, autant que l'Exiſtence ;
Et par le ſentiment ſufiſamment heureux,
De l'Amour ſeulement, nous ſommes amoureux ;
Ainſi le fantaſtique a droit ſur notre hommage :
Et nos feux, pour objet, ne veulent qu'une Image.

MONDOR.

Monſieur, à ma portée, ajuſtez-vous un peu ;
Et de grace, en françois, mettez-moi cet hébreu.

DAMIS.

Volontiers. Imagine une jeune Merveille ;
Elégance, fraîcheur, & beauté ſans pareille ;
Taille de Nymphe…

MONDOR.

Après ! Je vois cela d'ici.

DAMIS.

C'eſt de mes premiers feux l'objet en racourci.

T'accomoderois-tu d'une Femme ainsi faite ?

MONDOR.

La peste !

DAMIS.

Aussi ma flamme a-t'elle été parfaite.

MONDOR.

Mais je n'ai jamais vû cet objet plein d'apas.

DAMIS.

Parbleu ! Je le crois bien ; puisqu'il n'existoit pas.

MONDOR.

Et vous l'aimiez ?

DAMIS.

Très-fort.

MONDOR.

D'honneur ?

DAMIS.

A la folie !

MONDOR.

Une Maîtresse en l'air, & qui n'eut jamais vie !

DAMIS.

Oui, je l'aimois. Avec autant de volupté,
Que le Vulgaire en trouve à la Réalité.
La Réalité même est moins satisfaisante.
Sous une même forme, elle se représente.
Mais une Iris en l'air en prend mile, en un jour.
La Mienne étoit Bergere & Nymphe tour-à-tour.
Brune ou blonde, Coquette ou Prude, Fille ou veuve ;
Et, comme tu crois bien, Fidelle à toute épreuve.

MONDOR.

Monsieur, parlez tout-bas.

DAMIS.

Et par quelles raisons ?

MONDOR.

MONDOR.

C'eſt qu'on pourroit vous mettre aux Petites-Maiſons.

DAMIS.

Cet amour, il eſt vrai, me parut un peu vuide;
Et je ne pus tenir à l'appas du ſolide.
Je répudiai donc la chimérique Iris.
D'une Beauté palpable, enfin, je fus épris.
J'ai chanté Celle-ci, ſous le nom d'Uranie.
Ah! Que j'ai bien, pour Elle, exercé mon génie!
Et que de tendres vers conſacrent ce beau Nom!

MONDOR.

Et je n'ai pas plus vû l'une que l'autre?

DAMIS.

Non.

La fierté, la naiſſance & le rang de la Dame,
Renfermoient, dans mon cœur, le ſecret de ma flamme.
Comment aurois-tu fait pour t'en être aperçû?
Elle-même, elle étoit aimée à ſon inſçû.

MONDOR.

Mais vraiment un amour de ſi légere eſpece,
Pouroit prendre ſon vol, bien par delà l'ALTESSE.

DAMIS.

N'en doute pas; & même, y gouter des douceurs.
L'Amour impunément badine au fond des cœurs.
A ce que nous ſentons, que fait ce que nous ſommes?
L'Aſtre du jour ſe leve: il luit pour tous les hommes;
Et le plaiſir commun que répand ſa clarté,
Repréſente l'éfet que produit la Beauté.

MONDOR.

J'entens. Tout vous eſt bon, rien ne vous importune,
Pourvû que votre Eſprit ſoit en bonne fortune.
A ce compte, un Jaloux ne vous craindra jamais;
Et vos Rivaux, Monſieur, peuvent dormir en paix.

D

Et deux ! A l'autre.

DAMIS.

Helas ! En ce moment encore,
Je revois son image : & mon esprit l'adore.
Pour la derniere fois, tu me fais soûpirer,
Divinité chérie ! Il faut nous séparer.
Plus de commerce ; Adieu. Nous rompons.

MONDOR.

Quel dommage !
L'union étoit belle : & que répond l'Image ?

DAMIS.

De mon cœur attendri, pour jamais elle sort ;
Et fait place à l'objet dont nous parlions d'abord.

MONDOR.

D'un Poste mal acquis, l'Equité la dépose :
Et Rien, avec raison, fait place à Quelque chose.

DAMIS.

Que celle-ci, Mondor, a de grace & d'esprit !

MONDOR.

C'est qu'Elle aime les vers : & cela vous sufit.

DAMIS.

Ajoute qu'Elle en fait les mieux tournés du monde.

MONDOR.

Pour moi, ce qui m'en plaît, c'est la source féconde
Où nous allons puiser desormais les ducats.

DAMIS souriant.

Les ducats !

MONDOR.

C'est de quoi vous faites peu de cas.
L'un de nous deux a tort ; mais qu'à cela ne tienne.
Aura tort qui voudra ; pourvû que l'argent vienne.

DAMIS.

Enfin tu conçois donc qu'on en sçaura gagner ?

MONDOR.

Le Bon homme du moins ne veut pas l'épargner.

DAMIS.

Le Bon homme?

MONDOR.

Oui, Monsieur; si vous êtes son Gendre,
Monsieur de Francaleu dit à qui veut l'entendre,
Qu'il rendra là-dessus votre bonheur complet.

DAMIS.

Extravague-tu?

MONDOR.

Non. Foi d'honnête Valet.

DAMIS.

Et qui Diable te parle, en cette circonstance,
De Monsieur Francaleu, ni de son alliance?

MONDOR.

Bon! Ne voici-t'il pas encor un qui-pro-quo?
De qui parlez-vous donc, Monsieur?

DAMIS.

D'une SAPHO.
D'un Prodige qui doit, aidé de mes lumieres,
Effacer, quelque jour, l'illustre DESHOULIERES.
D'une Fille à laquelle est uni mon destin.

MONDOR.

Où diantre est cette Fille?

DAMIS.

A Quimpercorentin.

MONDOR.

A Quimp….

DAMIS.

Oh! ce n'est pas un bonheur en idée,
Celui-ci; l'esperance est saine & bien fondée.

D ij

La Bretonne adorable a pris goût à mes vers.
Douze fois l'an , sa plume en instruit l'Univers :
Elle a douze fois l'an , réponse de la nôtre ;
Et nous nous encensons , tous les mois , l'un & l'autre.

MONDOR.

Où vous êtes-vous vûs ?

DAMIS.

Nulle part ; à quoi bon ?

MONDOR.

Et vous l'épouseriez ?

DAMIS.

Sans doute ; Pourquoi non ?

MONDOR.

Et si c'étoit un Monstre ?

DAMIS.

Oh, tais-toi ! Tu m'excedes !
Les Personnes d'esprit sont-elles jamais laides ?

MONDOR.

Oui , mais répondra-t'elle à votre folle ardeur ?

DAMIS.

Je suis assez instruit par notre Ambassadeur.

MONDOR.

Et quel est l'Intriguant d'une telle avanture ?

DAMIS.

Le Messager des Dieux : Lui-même. Le Mercure.

MONDOR.

Oh oh ! bel entrepôt vraîment , pour coquetter !

DAMIS.

Tiens , lis dans celui-ci que tu viens d'aporter.

MONDOR *lit.*

SONNET de Mademoiselle Mériadec De Kersic
de Quimper en Bretagne , à Monsieur cinq étoiles…..

DAMIS.

Ton esprit aisément perce à travers ces voiles ;
Et voit bien que c'est Moi qui suis les cinq étoiles.
  Oui ! qu'à jamais pour moi, belle Meriadec !
Pégase soit rétif & l'Hypocrène, à sec ;
Si ma Lyre de myrthe & de palmes ornée,
Ne consacre les nœuds d'une si rare Hymenée.

MONDOR.

Je respecte, Monsieur, un si noble transport.
Qui vous chicaneroit davantage, auroit tort.
Mais prenez un conseil. Votre esprit s'exténuë,
A se forger les traits d'une Femme inconnuë.
Peignez-vous Celle-ci, sous quelque objet présent :
Lucile, a par exemple, un visage amusant....

DAMIS.

J'entends.

MONDOR.

  Suivez, lorgnez, obsédez sa Personne.
Croyez voir, & voyez, en Elle, la Bretonne...

DAMIS.

C'est bien dit. Cette idée échaufant mes esprits,
N'en portera que plus de feu, dans mes écrits.
Le bon sens du Maraud quelquefois m'épouvante.

MONDOR.

Molière, avec raison, consultoit sa Servante.

DAMIS.

On se peint dans l'Objet présent, & plein d'apas ;
L'Objet qu'on idolâtre, & que l'on ne voit pas.
Aussi bien transporté du bonheur de ma flamme,
Déja, dans mon cerveau, roule une épitalame,
Que devant qu'il soit peu, je prétens mettre au net ;
Et donner au Mercure, en paîment du Sonnet.

Muſe ! évertuons-nous ; Ayons les yeux ſans ceſſe ;
Sur l'Aſtre qui fait naître , en ces lieux , la tendreſſe ;
Cherche, en le contemplant, matière à tes crayons !
Et que ton feu divin s'allume à ſes rayons !
　Que cette ſolitude eſt paiſible & touchante !
J'y veux relire encor le Sonnet qui m'enchante.

Il va s'aſſeoir à l'écart.

MONDOR.

Quelle Tête ! Il faut bien le prendre comme il eſt.
Voyons ce qui naîtra de ce jeu qui lui plaît.
L'aſſiduité peut , Lucile étant jolie ,
Lui faire de Quimper , abjurer la folie.

SCENE IX.

DORANTE, LUCILE, DAMIS *à l'écart & ſans être vû.*

DORANTE.

A CET aveu ſi tendre , à de tels ſentimens ,
　Que je viens d'apuyer du plus ſaint des ſermens ;
A tout ce que j'ai craint , Madame ; à ce que j'oſe ,
A vos charmes enfin plus qu'à toute autre choſe,
Reconnoiſſez qui j'aime ; & réparez l'erreur
D'un Pere qui m'exclud du don de votre cœur.
Je ne veux , pour tout droit , que ſa volonté même ,
Pere équitable & tendre , il veut que l'on vous aime.
Ah ! Si c'eſt à ce prix , qu'il a mis votre foi ;
Qui jamais vous pourra mériter mieux que moi ?

LUCILE.

Mais, Monſieur, ſur ce point, qu'importe qu'on l'éclaire,
S'il ne vous en eſt pas pour cela moins contraire ?

Et ſi, dès qu'il ſçaura de qui vous êtes Fils,
Nul eſpoir, près de Moi, ne vous eſt plus permis?
D O R A N T E.
J'obtiendrai ſon aveu ; rien ne m'eſt plus facile.
Mais, parmi tant d'Amans, adorable Lucile,
N'auriez-vous pas déja nommé votre Vainqueur ?
L U C I L E *tirant des vers de ſa poche.*
L'Auteur ſeul de ces vers a ſçû toucher mon cœur :
Je l'avouë ; & pour Lui, me voila déclarée.
D O R A N T E *apercevant Damis.*
On nous écoute !
L U C I L E.
Hé ! C'eſt Monſieur De l'Empirée !
Liſons les lui ces vers : il en ſera charmé.
D O R A N T E *à part.*
Eſt-ce Lui, juſte ciel ! ou Moi qu'Elle a nommé ?
L U C I L E *à Damis.*
Venez, Monſieur, venez, pour qu'en votre préſence,
Nous diſcutions un fait de votre compétence ;
Il s'agit d'une Idile, où j'ai quelque intérêt ;
Et vous nous en direz votre avis, s'il vous plaît.
D O R A N T E.
Madame, on fait grand tort à Meſſieurs ces Poëtes,
Quand on les interrompt, dans leurs doctes retraites.
Laiſſons donc Celui-ci rêver en liberté ;
Et détournons nos pas, de cet autre côté.
D A M I S.
Le plus grand tort, Monſieur, que l'on puiſſe nous faire,
C'eſt de priver nos yeux de ce qui peut leur plaire.
Peut-on penſer ſi bien, étant ſeul en ces lieux,
Qu'étant avec Madame, on ne penſe encor mieux ?
Madame, je vous prête une oreille attentive.
Rien ne me plaira tant. Liſez : & s'il m'arrive
D iiij

Quelque diſtraction , dont je ne réponds pas ,
Vous ne l'imputerez qu'à vos divins appas.

LUCILE.

Votre façon d'écrire élégante & fleurie
Vous accoutume au ton de la galanterie.
Allons , Meſſieurs , paſſons ſous ce feüillage épais ,
Où , loin des Importuns , nous puiſſions lire en paix.

*Damis lui donne la main qu'elle accepte au moment que Dorante lui pré-
ſentoit auſſi la ſienne.*

DORANTE ſeul.

Eſt-ce un coup du Hazard , ou de leur Perfidie ?
Voyons. Il faut , de près , que je les étudie ;
Et que je ſorte enfin de la perplexité
La plus grande , où peut-être on aît jamais été.

Fin du ſecond Acte.

ACTE TROISIÉME.

SCENE I.

DORANTE *seul, & ramaſſant des tablettes.*

QUELQU'UN regrette bien les ſecrets confiés
A ces tablettes ci que je trouve à mes pieds.
Il les ouvre.

EPITHALAME. Ah ah ! J'en reconnois le Maître !
J'y pourrois bien auſſi déveloper un Traître…
Liſons.

SCENE II.

DORANTE, LISETTE.

LISETTE.

SUIS-JE une fourbe ? Ai-je trahi vos feux ?
Le ſeul qu'on veut exclure, eſt-il ſi malheureux ?
Dès que je vous ai vû prêt d'aborder Lucile,
Je me ſuis éclipſée, en Confidente habile ;
Et je vous ai laiſſé le champ libre, à l'inſtant.
Hé bien ? Quelle nouvelle ? En êtes-vous content ?
DORANTE.
Ah ! Qu'elle eſt raviſſante ! & que ce tête-à-tête
Acheve de lui bien aſſurer ſa conquête !
Je l'aimois ! l'adorois ! l'idolâtrois ! Mais rien

N'exprime mon état, depuis cet entretien.
Jusqu'au son de sa voix, tout me pénétre en Elle;
Son défaut me la rend plus piquante & plus belle;
Oui, ce qu'en Elle on nomme indolence & froideur,
Redouble de mes feux la tendresse & l'ardeur.

LISETTE.

La Dédaigneuse enfin s'est-elle humanisée ?
Je l'avois, ce me semble, assez bien disposée.

DORANTE.

Tu me vois dans un trouble...

LISETTE.

Eh! vivez en repos.

DORANTE.

Ses graces m'ont charmé; mais non pas ses propos.

LISETTE.

A-t'elle, avec rigueur, fermé l'oreille aux vôtres?

DORANTE.

Non. Mais j'aurois voulu qu'Elle en eût tenu d'autres.

LISETTE.

Quoi? qu'Elle eût dit : *Monsieur, je suis folle de Vous;*
Je voudrois que déja vous fussiez mon Epoux.
Mais oui; c'est avoir l'ame assurément bien dure,
De ne pas abréger ainsi la procédure.

DORANTE.

Ayant fait de ma flamme un libre & tendre aveu,
Et promis d'agréer à Monsieur Francaleu;

Comme je témoignois la plus ardente envie
D'entendre mon arrêt ou de mort ou de vie ;
Elle m'a répondu : (Dirai-je, avec douceur ?)
L'Auteur feul de ces vers a fçû toucher mon cœur.
A ces mots, de fa poche, Elle a tiré l'Idile,
Dont le fuccès me rend de moins en moins tranquile.

LISETTE.

C'eft qu'Elle a crû parler à l'Auteur.

DORANTE.

Je ne fçais.

Mais Elle a mis mon ame, à de rudes effais.
Elle a vû mon Rival, d'un œil de complaifance.
Elle a lû, malgré moi, l'Idile en fa préfence ;
C'étoit me démafquer. Sous cape, il en rioit :
Peut-être en Homme à qui l'on me facrifioit !
Le ferois-je en effet ? Seroit-ce lui qu'on aime ?
Me joüeroient-ils tous deux ? Me joüerois-tu, toi-même ?

LISETTE.

Les honnêtes foupçons ! Rendez grace, entre nous,
Au cas particulier que je fais des Jaloux.
Sans les ménagemens qu'on doit à leur caprice,
Mon honneur ofenfé fe feroit bien juftice.

DORANTE.

L'Auteur feul de ces vers a fçû toucher fon cœur !
Dit-elle. Encore un coup, je n'en fuis pas l'Auteur.
Suppofé qu'on la trompe : & qu'Elle me le croye,
Où donc eft encor-là, le grand fujet de joye ?
Je joüis d'une erreur : & j'aurois fouhaité
Une fource plus pure, à ma félicité ;

Un mérite étranger eſt cauſe que l'on m'aime;
Et je me ſens jaloux d'un Autre, dans Moi-même !

LISETTE.

Que la Délicateſſe eſt folle en ſes excès !
Eh, Monſieur ! Y faut-il regarder de ſi près ?
Qu'importe du bonheur la ſource fauſſe ou vraye ?

DORANTE.

Tout ce que j'entrevois, de plus en plus, m'éfraye.
Le bonheur du Poëte étoit encor douteux ;
Mais il eſt mon Rival : & mon Rival heureux.
De Lucile, ſans ceſſe, il contemple les charmes.
Il ſe voit vingt Rivaux, ſans en prendre d'alarmes.
A l'eſtime du Pere, il a le plus de part.
Seule, avec ſon Valet, je te trouve à l'écart.
Que te veut-il ? Pourquoi s'enfuit-il, à ma vûe ?
Quels étoient vos complots ? D'où vient paroître émuë ?
Répons !

LISETTE.

Tout doucement ; Vous prenez trop de ſoin.
Et c'eſt auſſi pouſſer l'interrogat trop loin.

DORANTE.

Je t'épierai ſi bien aujourd'hui…. Prends-y garde !
Quelque part que tu ſois, crois que je te regarde !
Cependant, allons voir, (en les feüilletant bien,)
Si ces Tabletres-ci ne m'inſtruiront de rien.

SCENE III.

LISETTE.

ME'PIER! Doucement! Ce feroit une chaîne.
Quoiqu'on foit fans reproche, on ne veut rien
   qui gène.
Ah! c'eft peu d'être injufte; Il ofe être importun!
Aux trouffes du Fâcheux, je vais en lâcher un,
Qui s'attachant à Lui, fçaura bien m'en défaire.
Le voici juftement.

SCENE IV.

M. FRANCALEU, LISETTE.

M. FRANCALEU.

QU'as-tu donc tant afaire
Avec ce Cavalier qui ne femble, chez Moi,
S'être impatronifé, que pour être avec Toi?
LISETTE.
De tous nos entretiens vous feul êtes la caufe.
M. FRANCALEU.
Voyons un peu le tour qu'elle donne à la chofe.
LISETTE.
Tout fimple. Le Jeune-homme entend vanter à tous,
Certaine Tragédie en fix Actes, de Vous,
Que l'on dit fort plaifante, & qu'il brûle d'entendre;
Sans qu'il fçache par Qui, ni trop comment s'y prendre.

M. FRANCALEU.

Et n'a-t'il pas l'Ami qui me l'a préfenté ?

LISETTE.

Monfieur De l'Empirée ? Il aura plaifanté ,
De Cauftique & de Fat , joüé les mauvais rôles ;
Et parlé de vos vers , en pliant les épaules.

M. FRANCALEU.

J'en croirois quelque chofe , à fon rire mocqueur.
Le ferpent de l'Envie a fiflé dans fon cœur.
Ho bien , bien ! Double joye , en ce cas , pour le nôtre !
Je mortifierai l'Un : & fatisferai l'Autre ;
L'Autre auffi-bien m'a plû , comme il plaira par-tout.
Il a tout-à-fait l'air d'un Homme de bon goût ;
Et d'ailleurs il me prend dans mon enthoufiafme.
Je fuis en train de rire ; & veux , malgré mon afme ,
Lui lire tous mes vers , fans en excepter un.

LISETTE.

Vous me déferez-là d'un terrible Importun.

M. FRANCALEU.

Vas donc me le chercher.

LISETTE.

Faites-en votre affaire.
Je me vais occuper d'un foin plus néceffaire.
Il faut que je m'habille.

M. FRANCALEU.

Eh pourquoi donc fi tôt ?

LISETTE.

Voulant repréfenter Lucile , comme il faut ,
J'ôte dès-à-préfent mes habits de foubrette ;
Pour être , fous les fiens , plus libre & moins diftraitte.

M. FRANCALEU.

C'eft fort bien avifé. Vas. Je me charge , Moi....

SCENE V.

M. FRANCALEU, M. BALIVEAU.

M. FRANCALEU.

AH ! c'eſt vous ! Comment va la mémoire ?
M. BALIVEAU.
Ma foi !
Quelques raiſonnemens que votre goût m'oppoſe,
Je hais bien la démarche, où mon Neveu m'expoſe.
Pour s'y réſoudre ; il faut, à cet Original,
Vouloir étrangement & de bien & de mal.
Enfin mon rôle eſt ſçû : Voyons, que faut-il faire ?
M. FRANCALEU.
Et Moi, de mon côté, je ſonge à votre affaire.
Cependant ſoyez gai ; Débutez ſeulement ;
Et vous ſerez bientôt de notre ſentiment.
De vos talens, à peine aurons-nous les prémices,
Que nous voulons vous voir un Pilier de Coulices ;
Et, quoique vous diſiez, vers un plaiſir ſi doux,
De la force du charme, entraîné, comme Nous.
J'ai vû ce charme, en France, opérer des miracles ;
Eriger nos Palais, en ſalles de Spectacles ;
Et, ce que n'a pû faire encore la Raiſon,
Réformer le Quadrille, en plus d'une Maiſon.
M. BALIVEAU.
Je ne le cache pas. Malgré ma répugnance,
Une choſe me fait quelque plaiſir d'avance.
C'eſt le parfait rapport qui, par un cas plaiſant,
Se trouve entre mon rôle, & mon état préſent.

Il ne manque à cela que de la vraysemblance.

Je repréfente un Pere auftère & fans foibleffe;
Qui d'un Fils libertin gourmande la jeuneffe.
Le Vieillard, à mon gré, parle comme un Caton:
Et je me rejoüis de lui donner le ton.

M. FRANCALEU.

Celui qui fait le Fils, s'y prend le mieux du monde.
Car nous ne joüons bien, qu'autant qu'on nous feconde.
Tout dépend de l'Acteur qu'on met vis-à-vis Nous.
Si Celui-ci venoit répèter avec Vous?

M. BALIVEAU.

Je voudrois que ce fût déja fait.

M. FRANCALEU *apellant fes valets.*

Hola hée !
Que l'on aille chercher Monfieur De l'Empirée.

à M. Baliveau.

Tenez, voilà par où le Jeune homme entrera.
Vous pouvez commencer fi-tôt qu'il paroîtra.
Faites, comme l'on fait, aux chofes imprévuës.
Soyez comme quelqu'un qui tomberoit des nuës;
Car c'eft l'efprit du rôle : & vous vous fouvenez
Que vous vous trouvez, Vous, & ce Fils, nez à nez,
L'inftant précis qu'il fort, ou d'une Académie,
Ou de quelque autre lieu que vous voulez qu'il fuie;
Et qu'à cette rencontre, un filence fâcheux
Exprime une furprife égale entre vous deux;
C'eft un coup de Théâtre admirable : & j'efpere....

SCENE VI.

M. FRANCALEU, M. BALIVEAU, DAMIS.

M. FRANCALEU à *Damis.*

MONSIEUR, voilà Celui qui fera votre Pere.
Il sçait son rôle ; Allons, concertez-vous un peu ;
Et tout en vous voyant, commencez votre jeu.

à M. Baliveau, voyant son profond étonnement.
Comment Diable ! à merveille ! A miracle ! Courage !
~~On ne sçauroit joüer, mieux que vous~~, du visage.
à Damis. Vous avez joüé, Vous, la Surprise assez bien ;
Mais le rire vous prend ; & cela ne vaut rien.
Il faut être interdit, confus, couvert de honte.

M. BALIVEAU.

Je sens, qu'ainsi que Lui, votre aspect me démonte.

DAMIS à *Francaleu.*

C'est que lorsqu'on répéte, un Tiers est importun.

M. FRANCALEU.

Adieu donc ; Aussi-bien je fais languir quelqu'un.
à Damis. Monsieur l'Homme accompli, qui du moins
    croyez l'être ;
Prenez, prenez leçon : car voilà votre Maître.
(*Frappant sur l'épaule de Baliveau.*) Bravo ! bravo ! bravo !

SCENE VII.

M. BALIVEAU, DAMIS.

M. BALIVEAU *à part.*

LE sot événenement!

DAMIS.

Je ne puis revenir de mon étonnement.
Après un tel prodige, on en croira mile autres.
Quoi, mon Oncle, c'est Vous? Mon cher Oncle est
    des Nôtres!
Heureux le Lieu, l'inftant, l'emploi qui nous rejoint!

M. BALIVEAU.

Raifonnons d'autre chofe : & ne plaifantons point.
Le hazard a voulu ....

DAMIS.

Voici qui paroît drôle.
Eft-ce vous qui parlez? ou fi c'eft votre rôle?

M. BALIVEAU.

C'eft Moi-même qui parle ; & qui parle à Damis.
Voilà donc ce que fait mon Neveu, dans Paris?
Qu'a produit un féjour de fi longue durée?
Que veut dire ce nom : Monfieur De l'Empirée?
Sied-il, dans ton état, d'aller ainfi vêtu?
Dans quelle compagnie, en quelle école es-tu?

DAMIS.

Dans la vôtre, mon Oncle. Un peu de patience,
Imitez-moi. Voyez fi je romps le filence

Sur mile queſtions, qu'en vous trouvant ici,
Peut-être ſuis-je en droit d'oſer vous faire auſſi.
Mais c'eſt que notre rôle eſt notre unique affaire ;
Et que de nos débats, le Public n'a que faire.

M. BALIVEAU levant ſa canne.

Coquin! Tu te prévaux du contretems maudit....

DAMIS.

Monſieur, ce geſte-là vous devient interdit !
Nous ſommes, Vous & Moi, Membres de Comédie.
Notre Corps n'admet point la méthode hardie
De s'arroger ainſi la pleine autorité ;
Et l'on ne connoît point, chez nous, de primauté.

M. BALIVEAU à part.

C'eſt à moi de plier, après mon incartade.

DAMIS gaîment.

Répétons donc en paix. Voyons, mon Camarade.
Je ſuis un Fils....

M. BALIVEAU.
J'ai ri. Me voila déſarmé.

DAMIS.

Et Vous, un Pere...

M. BALIVEAU.
Hé oui, Bourreau! Tu m'as nommé.

Je n'ai que trop pour Toi, des entrâilles de Pere ;
Et ce fut le ſeul bien que te laiſſa mon Frere.
Quel uſage en fais-tu ? Qu'ont ſervi tous mes ſoins ?

DAMIS.

A me mettre en état de les implorer moins.
　Mon Oncle, vous avez cultivé mon enfance.
Je ne mets point de borne à ma reconnoiſſance ;
Et c'eſt pour le prouver, que je veux déſormais
Commencer par tâcher d'en mettre à vos bienfaits ;

E ij

Me fufire à moi-même, en volant à la gloire ;
Et chercher la Fortune, au Temple de Mémoire.

M. BALIVEAU.

Où la vas-tu chercher ? Ce Temple prétendu,
(Pour parler ton jargon) n'eft qu'un Pays perdu,
Où la Néceffité, de travaux confumée,
Au fein du fot Orgueil, fe repaît de fumée.
Eh Malheureux ! crois-moi : fuis ce Terroir ingrat.
Prens un parti folide, & fais choix d'un état ;
Qu'ainfi que le Talent, le Bon fens autorife ;
Qui te diftingue : & non, qui te fingularife ;
Où le Génie heureux brille avec dignité ;
Tel qu'enfin le Barreau l'ofre à ta vanité.

DAMIS.

Le Barreau !

M. BALIVEAU.

Protégeant la Veuve & la Pupille ;
C'eft-là, qu'à l'honorable, on peut joindre l'utile ;
Sur la gloire & le gain, établir fa Maifon ;
Et ne devoir qu'à foi fa Fortune & fon Nom.

DAMIS.

Ce mélange de gloire & de gain m'importune.
On doit tout à l'honneur : & rien à la Fortune.
Le Nourriffon du Pinde, ainfi que le Guerrier,
A tout l'or du Pérou, préfere un beau laurier.
L'Avocat fe peut-il égaler au Poëte ?
De ce Dernier la gloire eft durable & complette.
Il vit long-tems après que l'Autre a difparu.
SCARRON même l'emporte aujourd'hui fur PATRU.
Vous parlez du Barreau de la Grece & de Rome,
Lieux propres autrefois, à produire un grand homme ;
L'ancre de la Chicane & fa barbare voix
N'y défiguroient pas l'Eloquence & les Loix.

Que des traces du Monstre, on purge la Tribune !
J'y monte. Et mes talens voüez à la Fortune,
Jusqu'à la Prose encor, voudront bien déroger.
Mais l'abus ne pouvant si-tôt se corriger,
Qu'on me laisse, à mon gré, n'aspirant qu'à la gloire,
Des titres du Parnasse, anoblir ma mémoire ;
Et primer dans un Art, plus au-dessus du Droit,
Plus grave, plus sensé, plus noble qu'on ne croit !
Le Vice impunément, dans le siécle où nous sommes,
Foule aux pieds la Vertu, si prétieuse aux Hommes.
Est-il pour un Esprit solide & généreux,
Une cause plus belle à plaider, devant Eux ?
Que la Fortune donc me soit Mere ou Marâtre,
C'en est fait : pour Barreau, je choisis le Théâtre ;
Pour Client, la Vertu : Pour ~~Voix~~, la Vérité :
Et pour Juge ; mon Siécle & la Postérité.

M. BALIVEAU.

Eh bien, porte plus haut ton espoir & tes vûës.
A ces beaux sentimens les Dignités sont dûës.
La moitié de mon bien, remise en ton pouvoir,
Parmis nos Sénateurs, s'ofre à te faire asseoir.
Ton Esprit généreux, si la Vertu t'est chère,
Si tu prends à sa cause, un intérêt sincère,
Ne préférera pas, la croyant en danger,
L'éfort de la défendre, au droit de la juger.

DAMIS.

Non. Mais d'un si beau droit l'abus est trop facile.
L'esprit est généreux, mais le cœur est fragile.
Qu'un Juge incorruptible est un homme étonnant !
Du Guerrier le mérite est sans doute éminent.
Mais presque tout consiste au mépris de la vie.
Et de servir son Roi la glorieuse envie,
L'espérance, l'exemple, un je ne sçais quel prix ;

E iij

L'horreur du mépris même, inspire ce mépris.
Mais avoir à braver le soûrire ou les larmes
D'une Solliciteuse aimable & sous les armes !
Tout sensible, tout homme enfin que vous soyez,
Sans oser être émeu, la voir presque à vos pieds !
Jusqu'à la cruauté pousser le Stoïcisme !
Je ne me sens point fait pour un tel Héroïsme.
De tous nos Magistrats la vertu me confond :
Et je ne conçois pas, comment ces Messieurs font.
   Ma vertu donc se borne au mépris des richesses ;
A chanter des Héros de toutes les espéces ;
A sauver, s'il se peut, par mes travaux constans,
Et leurs noms & le mien, des injures du tems.
Infortuné ! Je touche à mon cinquiéme lustre ;
Sans avoir publié rien qui me rende illustre :
On m'ignore ; & je rampe encore, à l'âge heureux,
Où Corneille & Racine étoient déja fameux.

M. Baliveau.

Quelle étrange manie ! & dis moi, Miserable !
A de si grands Esprits, te crois-tu comparable ?
Et ne sçais-tu pas bien qu'au métier que tu fais,
Il faut, ou les atteindre, ou ramper à jamais ?

Damis.

Hé bien, voyons le rang que le Destin m'aprête.
Il ne couronne point Ceux que la Crainte arrête.
Ces Maîtres même avoient les Leurs, en débutant ;
Et tout le monde alors put leur en dire autant.

M. Baliveau.

Mais les beautés de l'Art ne sont pas infinies.
Tu m'avoüeras du moins que ces rares Génies,
Outre le don qui fut leur principal apui,
Moissonnoient à leur aise, où l'on glane aujourd'hui.

D A M I S.

Ils ont dit, il eſt vrai, preſque tout ce qu'on panſe.

Leurs écrits ſont des vols, qu'ils nous ont fait d'avance;

Mais le remede eſt ſimple : il faut faire comme Eux,

Ils nous ont dérobé ; dérobons nos Neveux ;

Et tariſſant la ſource , où puiſe un beau délire ,

A la Poſtérité ne laiſſons rien à dire.

Un Démon triomphant m'éleve à cet emploi;

Malheur aux Ecrivains qui viendront après Moi!

M. B A L I V E A U.

Vas ! malheur à toi-même , Ingrat ! cours à ta perte !

A qui veut s'égarer , la carriere eſt ouverte.

Indigne du bonheur qui t'étoit préparé ,

Rentre dans le néant , dont je t'avois tiré.

Mais ne crois pas que , prêt à remplir ma vengeance ,

Ton châtiment ſe borne à la ſeule indigence.

Cette ſoif de briller , où ſe fixent tes vœux ,

S'éteindra , mais trop tard , dans des dégoûrs afreux.

Vas ſubir du Public les jugemens fantaſques !

D'une Cabale aveugle , eſſuyer les bourraſques !

Chercher envain quelqu'un d'humeur à t'admirer ,

Et trouver tout le monde actif à cenſurer !

Va , des Auteurs ſans nom , groſſir la foule obſcure ,

Egayer la Satyre , & ſervir de pâture

A je ne ſçais quel tas de Broüillons affamés ,

Dont les Ecrits mordans , ſur les Quais , ſont ſemés !

Déja , dans les Caffez , tes projets ſe répandent.

Le Parodiſte oiſif & les Forains t'attendent.

Vas , après t'être vû , ſur leur Scene , avili ,

De l'oprobre , avec Eux , retomber dans l'oubli !

D A M I S.

Que peut , contre le Roc , une vague animée ?

Hercule a-t'il péri , ſous l'éfort du Pygmée ?

E iiij

L'Olympe voit en paix, fumer le Mont Æthna:
Zoïle, contre Homere, en vain se déchaîna;
Et la palme du Cid, malgré la même audace,
Croît & s'éleve encore au sommet du Parnasse!

M. BALIVEAU.

Jamais l'Extravagance alla-t'elle plus loin?
Hé bien, tu braveras la honte & le besoin.
Je veux que ton Esprit n en soit que plus rebelle,
Et qu'aux Siecles futurs, ta sotise en appelle:
Que, de ton vivant même, on admire tes vers;
Tremble! & vois, sous tes pas, mile abîmes ouverts!
L'Impudence d'autrui va devenir ton crime.
On mettra, sur ton compte, un libelle anonyme.
Poursuivi, condamné, proscrit sur ces rumeurs,
A qui veux-tu qu'un Homme en apelle?

DAMIS.

      A ses mœurs,

M. BALIVEAU.

A ses mœurs? Et le Monde, en ces sortes d'orages,
Est-il instruit des mœurs, ainsi que des ouvrages?

DAMIS.

Oui. De mes mœurs bientôt j'instruirai tout Paris.

M. BALIVEAU.

Eh comment, s'il vous plaît?

DAMIS.

     Comment? Par mes Ecrits.
Je veux que la vertu, plus que l'esprit, y brille.
La Mere en prescrira la lecture à sa Fille;
Et j'ai, grace à vos soins, le cœur fait de façon,
A monter aisément ma lyre sur ce ton.
Sur la Scene aujourd'hui, mon coup d'essai l'annonce,
Je suis un Malheureux. Mon Oncle me renonce.

Je me tais. Mais l’erreur est sujette au retour.
J’espere triompher, avant la fin du jour :
Et peut-être la chance, alors tournera-t’elle.

M. BALIVEAU.

Quoi ? Vous feriez l’Auteur de la piece nouvelle,
Que, ce soir, aux François, l’on doit repréfenter ?

DAMIS.

Soyez donc le premier, à m’en féliciter.

M. BALIVEAU.

Puifque vous le voulez, je vous en félicite.

DAMIS.

J’en augure une heureufe & pleine réüffite.

M. BALIVEAU.

Cependant, gardez-vous de dire à Francaleu,
Que de fon bon Ami, vous foyez le Neveu.

DAMIS.

Tout comme il vous plaira. Mais je vois avec peine,
Que vous ne vouliez pas que je vous appartienne.

M. BALIVEAU.

J’ai de bonnes raifons, pour en agir ainfi.

DAMIS.

J’obéïrai, Monfieur.

M. BALIVEAU.

J’y compte.

DAMIS.

Mais auffi,

Daignant de même entrer dans l’efprit qui m’anime,
Laiffez-moi, quelque-tems, joüir de l’anonyme;

Pour goûter du succès les plaisirs plus entiers,
Et m'entendre loüer, sans rougir.

M. BALIVEAU.

Volontiers.
(*à part.*) A demain, Scélérat! Si jamais tu rimailles;
Ce ne fera, mortbleu, qu'entre quatre murailles.

SCENE VIII.

DAMIS.

IL ne veut m'avouër qu'après l'événement.
  Nous nous fommes ici rencontrés plaifamment.
La Scene eft théâtrale, unique, inopinée.
Je voudrois, pour beaucoup, l'avoir imaginée.
Mon fuccès feroit fûr. Du moins profitons-en;
Et fongeons à la coudre à quelque nouveau plan.
J'en ai plufieurs; Voyons. Où font donc mes tablettes?
La perte, pour le coup, feroit des plus complettes.
Tout à l'heure, à la main, je les avois encor.
Ah! je fuis ruiné! J'ai perdu mon tréfor!
Nombre de canevas, deux Pieces commencées,
Caracteres, Portraits, Maximes & Penfées,
Dont la plus triviale, en vers aléxandrins,
Au bout d'une tirade, eût fait battre des mains!
Mais j'ai regret furtout, à mon Epitalame.
Hélas! ma Mufe, au gré de l'efpoir qui m'enflamme
Dans un premier tranfport, venoit de l'ébaucher.
Deux fois, du même Enfant, pourra-t'elle accoucher?

SCENE IX.

DORANTE, DAMIS.

DAMIS.

AH Monsieur! Secourez les Muses attristées!
Mes tablettes, là-bas, dans le bois font restées.
Suivez-moi! Cherchons-les! aidons-nous!

DORANTE.

Les voilà.

DAMIS.

Je ne puis exprimer le plaisir…

DORANTE.

Brisons-là.

DAMIS.

Vous me rendez l'espoir, le repos & la vie.

DORANTE.

Mon dessein n'est pas tel ; car je vous signifie
Qu'il faut, en ce logis , ne plus vous remontrer;
Et vous faire une affaire, ou n'y jamais rentrer.

DAMIS.

L'étrange alternative! Un ami la propose!
Ne puis-je, avant d'opter, en demander la cause ?

DORANTE.

Eh fy ! l'air ingénu sied mal à votre front ;
Et ce doute affecté n'est qu'un nouvel afront.

DAMIS.

C'est la pure franchise. En verité j'ignore….

DORANTE.

Quoi, Monsieur ? que Lucile est celle que j'adore?

DAMIS.

Non. Quand j'ai vû tantôt mes vers entre ses mains...

DORANTE.

Vous m'avez insulté; c'est de quoi je me plains.

DAMIS.

En quoi donc?

DORANTE.

C'étoit vous qui les lui faisiez lire.

DAMIS.

Moi!

DORANTE.

Vous. Plus je souffrois; plus je vous voyois rire.

DAMIS.

De ce qu'innocemment la Belle, malgré vous,
Révéloit un secret, dont vous étiez jaloux.

DORANTE.

Non. Mais de la noirceur de cette Ame cruelle,
Et du plaisir malin de joüir, avec Elle,
De la confusion d'un Rival malheureux
Que vous avez joüé de concert tous les deux.
C'est à quoi votre esprit, depuis un mois, s'occupe;
Mais je ne serai pas jusqu'au bout, votre Dupe;
Je veux, de mon côté, mettre aussi les Railleurs:
Et votre Epithalame ira servir ailleurs.

DAMIS.

Ah! ce mot échappé me fait enfin comprendre...

DORANTE.

Songez vîte au parti que vous avez à prendre.

Dorante,

DAMIS.

~~Un mot!~~

DORANTE.

Vous ~~voudriez~~ temporiser en vain.
Renoncez à Lucile; ou l'épée à la main.

Damis.

Opposons quelque phlegme aux vapeurs de la bile.

DAMIS.

Mais cette Epithalame.....

DORANTE.

Ou partez, tout-à-l'heure!
Ou, tout-à-l'heure, il faut que l'un ou l'autre meure!

DAMIS.

Quelle vivacité! Quand nous nous entendrons,
Ni je ne partirai : ni nous ne nous battrons.

DORANTE.

Pour un Homme pouſſé, vous voilà d'un grand phlegme.

DAMIS.

C'eſt que je me ſouviens d'un certain apophtegme,
Qui dit...

DORANTE.

Ne dit-il pas qu'un Verſificateur
Entend l'art de rimer, mieux que le point d'honneur?

DAMIS.

C'en eſt trop. A vous même, un mot eût pû vous rendre.
Je ne le dirois plus; vouluſſiez-vous l'entendre.
C'eſt Moi, qui maintenant vous demande raiſon.
Cependant on pourroit nous voir de la maiſon.
La place, pour nous battre, ici près eſt meilleure.
Marchons !

SCENE X.

M. FRANCALEU, DORANTE, DAMIS.

M. FRANCALEU

prenant Dorante par le bras & ne le lâchant plus.

EH, venez donc, Monſieur! Depuis une heure,
Je vous cherche par tout, pour vous lire mes vers.

DORANTE.

A Moi, Monfieur ?

M. FRANCALEU.

A Vous.

DAMIS *à part.*

Autre Efprit à l'envers ?

M. FRANCALEU.

Vous défirez, dit-on, ce petit facrifice ?

DORANTE.

Et Qui m'a, près de vous, rendu ce bon ofice ?

M. FRANCALEU.

C'eft Lifette.

DORANTE *à Damis.*

C'eft Vous qu'elle veut fervir.

M. FRANCALEU.

Lui !

Il voudroit qu'on fût fourd aux ouvrages d'autrui.

DAMIS.

Loin de l'en détourner, c'eft Moi qui l'y convie.

DORANTE *à Damis.*

Je lis dans votre cœur ; & je vois votre envie.

M. FRANCALEU.

Vous dites bien ; l'Envie ! Oui ; c'eft un Envieux ;
Qui voudroit, fur lui feul, attirer tous les yeux.

DAMIS.

Mon Ami, par bonheur, eft là pour me défendre.
Tantôt je l'exhortois encore, à vous entendre.

DORANTE *bas à Damis.*

Vous ofez m'attefter ?

DAMIS *bas à Dorante.*

Je fonge à votre amour.

Songez, fi vous voulez, à faire votre cour.

Damis.

~~M. FRANCALEU.~~
~~On me voudroit pourtant aſſurer du contraire.~~
~~DAMIS.~~
Liſez : & qu'il admire ; il ne ſçauroit mieux faire.

DORANTE *bas.*
Tu crois m'échaper ? Mais…

DAMIS *à M. Francaleu.*
D'autant plus que Monſieur
A beſoin maintenant d'un peu de belle humeur.

M. FRANCALEU
tirant un gros cahier de ſa poche.
Ah ! quelque humeur qu'il ait, il faudra bien qu'il rie ;
Et pour cela d'abord, je lis ma Tragédie.

DAMIS.
Rien ne pouvoit pour lui venir plus à propos.

M. FRANCALEU.
Pourvû que les Fâcheux nous laiſſent en repos.

DAMIS *bas à Dorante.*
Dès-que vous le pourrez, ſongez à diſparoître.
Je vous attends. ~~Il s'en va.~~ *Monſieur*

M. FRANCALEU.
Vous n'en voulez pas être ?

DORANTE *à Damis.*
Je ne vous quitte point.

DAMIS *à M. Francaleu.*
Monſieur, excuſez-moi,
J'aime : & c'eſt un état, où l'on n'eſt guére à ſoi.
Vous ſçavez qu'un Amant ne peut reſter en place.

DORANTE *voulant courir après lui.*
Par la même raiſon….

SCENE XI.

M. FRANCALEU, DORANTE.

M. FRANCALEU *le retenant.*

LAISSEZ, laissez de grace !
Il en veut à ma Fille ; & je serois charmé,
Qu'il parvînt à lui plaire, & qu'il en fût aimé.

DORANTE.

Oh ! parbleu qu'il vous aime, & Vous & vos Ouvrages !

M. FRANCALEU.

Comme si nous avions besoin de ses suffrages ?

DORANTE.

Le mien mérite peu que vous vous y teniez.

M. FRANCALEU.

Je serai trop heureux que vous me le donniez.

DORANTE.

Prodiguer, pour moi seul, le fruit de tant de veilles ?

M. FRANCALEU.

Moins l'Assemblée est grande, & plus Elle a d'oreilles.

DORANTE.

Si vous vouliez, pour lui, différer d'un moment ?

M. FRANCALEU.

Non. Qui satisfait tôt, satisfait doublement.

Il lâche Dorante pour tirer ses lunettes ; Dorante s'évade ; &
M. Francaleu continuë, sans s'en appercevoir.

Et c'est le moins qu'on doive à votre politesse,
D'avoir bien voulu prendre un rôle dans la Piece.

Il déroule son cahier ; & lit.
La

La Mort de BUCE'PHALE. *Se retournant & ne trouvant plus
Dorante.*

Où diable est-il ? Comment !
On me fuit ? Oh, parbleu ! ce sera vainement.
Je cours après mon homme; & s'il faut qu'il m'échappe,
Je me cramponne après le premier que j'attrape ;
Et bénévole ou non , dût-il ronfler debout ,
L'Auditeur entendra ma Piece , jusqu'au bout.

Fin du Troisiéme Acte.

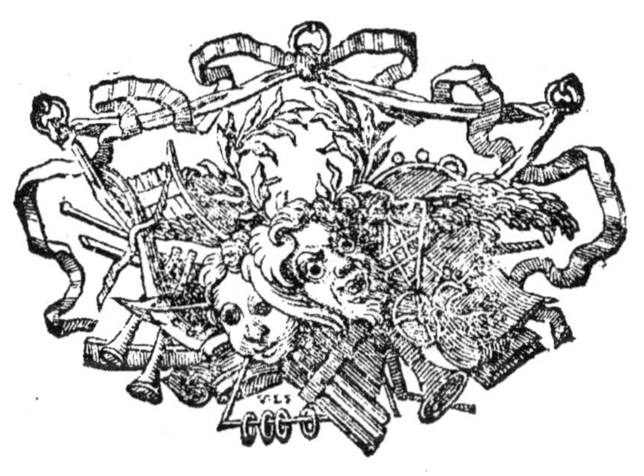

ACTE QUATRIÉME.

SCENE I.

MONDOR, LISETTE *avec une robe & une coëf-
fure parfaitement sembla-
bles à celles de Lucile.*

MONDOR *qu'Elle tire par la manche
en regardant derriere Elle
avec un air inquièt.*

A Quoi bon, dans le Parc, ainsi tourner sans cesse ?
Piroüeter, courir, voltiger ?

LISETTE.

Mondor !

MONDOR.

Qu'eft-ce ?

LISETTE.

Tu ne voyois pas ?

MONDOR.
Quoi ?

LISETTE.

Qu'on nous épioit.

MONDOR.

Quand ?

LISETTE.

Le voila bien fot !

MONDOR.
Qui ?

LISETTE.

Le trait certe eft piquant.

*je m'ofois l'aborder, vous prenant pour lui
tes habits même encôr en harassent mon ftyl*

MONDOR.
Quel ?

LISETTE.
Quel ? Qu'eſt-ce ? Quoi ? Quand ? Qui ? L'Amant
   de Lucile,
Que ſon mauvais Démon ne peut laiſſer tranquile.
Dorante.

MONDOR.
Hé bien, Dorante ?

LISETTE.
            Il nous a vûs de loin,
'Ainſi que tu croyois m'aborder, ſans témoin.
Sous ce nouvel habit, du bout de l'Avenuë,
Qu'il aît cru voir Lucile, ou qu'il m'aît reconnuë ;
Près de Toi, l'un vaut l'autre ; & ſurtout ſon Deſtin
Semblant te mettre exprès une lettre à la main.
Nous entrons dans le Parc : il nous guette, il petille ;
Il ſe gliſſe & nous ſuit, du long de la Charmille.
Moi, qui du coin de l'œil, obſerve tous ſes tours,
Je me laiſſe entrevoir : & diſparois toujours.
Dieu ſçait ſi le cerveau de plus en plus lui tinte !
Tant qu'enfin je le plante, au fond du Labyrinthe ;
Où le pauvre Jaloux, pour long-tems en défaut,
Peſte & jure, je crois, maintenant, comme il faut.
Je ferois encor pis, ſi je pouvois pis faire.
De ces Cœurs défians l'Eſpèce atrabilaire
Reſſemble, je le vois, aux Chevaux ombrageux ;
Il faut les aguerrir, pour venir à bout d'Eux.

MONDOR.
Oh, parbleu ! ce n'eſt pas le foible de mon Maître !
Au contraire, il ſe livre aux Gens, ſans les connoître ;
Et préſume aſſez bien de ſoi-même & d'autrui,
Pour ſe croire adoré, ſans que l'on ſonge à lui.

~~Du reste, sçait-il bien se tirer d'une affaire ?~~

Ton maître a galamment soutenu cette affaire

LISETTE.

Ceux qui l'ont séparé, d'avec son Adversaire ;
Disent qu'il s'y prenoit, en brave Cavalier ;
Et, pour un Bel-esprit, qu'il est franc du collier.

MONDOR.

Il n'est sorte de gloire, à laquelle il ne coure.
Le bel-esprit, en Nous, n'exclud pas la bravoure.
D'ailleurs, ne dit-on pas ; Telles Gens, tel Patron ;
Et dès-que je le sers, peut-il être un Poltron ?

LISETTE.

Voilà donc cet amour, dont j'étois ignorante ?
Et que j'ai cru toujours, un rêve de Dorante ?

MONDOR.

Mon Maître ne dit mot ; mais à la vérité,
Ce combat-là tient bien de la rivalité.
En ce cas, mon adresse a tout fait.

LISETTE.

Ton adresse ?

MONDOR.

Oui. J'ai, de sa conquête, honoré ta Maîtresse.
Celle qu'il recherchoit, ne me convenant pas,
De Lucile, à propos, j'ai vanté les appas :
Lui conseillant d'avoir souvent les yeux sur Elle ;
Et de mettre un peu l'une & l'autre en paralelle.
Il paroît qu'il n'a pas négligé mes avis.

LISETTE.

Il se repentiroit de les avoir suivis.
Envers & contre Tous, je protége Dorante,

MONDOR.

Gageons que, malgré toi, mon Maître le supplante ;
Car étant né Poëte, au suprême dégré,
Lucile va d'abord le trouver à son gré.

Monsieur de Francaleu, déja l'aime & l'estime.
Du Pére de Dorante, il n'est pas moins l'Intime :
Et je porte un billet, à ce Pére, adressé,
Qu'après s'être battu, sur l'heure, il a tracé.
Sçachant des deux Vieillards la mésintelligence,
Il mande à Celui-ci, selon toute apparence,
De rapeller un Fils, qui fait ici l'amour,
Et dont l'entêtement croîtroit de jour en jour.
Il sçaura, là-dessus, le rendre impitoyable,
S'il aime enfin Lucile, ainsi qu'il est croyable ;
Prends de mes almanachs : & tiens pour assuré,
Que le bonheur de l'Autre est fort avanturé.

L I S E T T E.

Mais cet Autre, avec qui je suis de connivence,
A pris, depuis un mois, terriblement l'avance.
J'ai vû pâlir Lucile, au récit du combat ;
D'une tendre frayeur, le cœur encor lui bat.
Lucile s'est émuë : & c'est pour lui, te dis-je.
Il a visiblement tout l'honneur du prodige.
Depuis même, ils se sont entretenus long-tems ;
Et s'étoient séparez, l'un de l'autre contens :
Lorsque, dans cet Esprit soupçonneux à la rage,
Ma présence équivoque a ramené l'orage ;
Mais le calme ne tient qu'à l'éclaircissement,
Et va couler ton Maître à fond, dans le moment.

M O N D O R.

Je réponds de la Barque, en dépit de Neptune.
Songe donc qu'elle porte un Poëte & la fortune !
Telle gloire le peut couronner aujourd'hui,
Qui mettroit Pere & Fille, à genoux, devant Lui.
De ce coup décisif l'instant fatal approche.
L'Amour m'arrache un tems, que l'Honneur me re-
proche.

Adieu : Que devant nous, tout s'abaîſſe, en ce jour.
Et que tous nos Rivaux tremblent, à mon retour !

SCENE II.

LISETTE *ſeule.*

TELLE gloire le peut couronner... J'ai beau dire,
Dorante pourroit bien avoir ici du pire.
Faiſons la guerre à l'œil ; Et mettons-nous au fait
De ce coup, qui doit faire un ſi terrible effet.

SCENE III.

M. FRANCALEU, DAMIS, LISETTE.

M. FRANCALEU *à Liſette, qu'il ne voit que par derriere.*

LUCILE, redoublez de fierté pour Dorante.
Vous n'êtes pas encore aſſez indifférente ;
Vous ſoufrés qu'il vous parle ; & je défens cela :
Tout net ! Entendez-vous, ma Fille ?

LISETTE *ſe tournant, & faiſant la révérence.*

Oui, mon Pere.

M. FRANCLAEU.

Ha !
C'eſt toi, Liſette ?

LISETTE.
Hé bien, je tiens parole.
Lui reſſemblai-je aſſez ? Joüerai-je bien ſon rôle ?

L'œil du Pere s'y trompe; & je conclus d'ici,
Que bien d'autres, tantôt, s'y tromperont aussi.
M. FRANCALEU à Damis.
Admirez en effet, comme Elle lui ressemble!
LISETTE.
Quand commencera-t'on?
M. FRANCALEU.
   Tout-à-l'heure : on s'assemble.
Cependant, vas chercher ta Maîtresse ; & l'instruis
Des dispositions, où tu vois que je suis.
Si j'eus une raison, maintenant j'en ai trente,
Qui doivent à jamais disgracier Dorante.
(Elle s'en va.)

SCENE IV.

M. FRANCALEU, DAMIS.

M. FRANCALEU.

LA Coquine le sert indubitablement,
Et m'en a, sur son compte, imposé doublement.
Sur quoi donc, s'il vous plaît, vous a-t'il fait querelle ?
DAMIS.
Sur un mal-entendu, pour une bagatelle.
M. FRANCALEU.
Ce procédé l'exclud du rang de vos Amis ?
DAMIS.
Quelque ressentiment pouroit m'être permis ;
Mais je suis sans rancune ; & ce qui se prepare,
Va me vanger assez de cet Esprit bisare.
F iiij

M. F R A N C A L E U.

Ce que j'aprends encor, lui fait bien moins d'honneur.

D A M I S.

Quoi donc ?

M. F R A N C A L E U.

Qu'il eſt le Fils d'un maudit Chicaneur,
Qui n'écoutant priére, avis, ni remontrance,
Depuis dix ou douze ans, me plaide, à toute outrance.
Des ſottiſes d'un Pére, un Fils n'eſt pas garand ;
Mais le tort que me fait ce Plaideur, eſt ſi grand,
Que je puis, à bon droit, haïr juſqu'à ſa Race.
Ce procès me ruine, en ſotte paperaſſe ;
Et ſans le tems, les pas, & les ſoins qu'il y faut,
J'aurois été Poëte, onze ou douze ans plutôt.
Sont-ce là, dites-moi, des pertes réparables ?

D A M I S.

Le dommage eſt vraîment des plus conſidérables.
Il faut que le Public intervienne au procès,
Et concluë, avec vous, à de gros intérêts.
Et Dorante n'a-t'il contre lui, que ſon Pére ?

M. F R A N C A L E U.

Pardonnez-moi, Monſieur. Il a ſon caractére.
Je lui croyois du goût, de l'eſprit, du bon ſens ;
Ce n'eſt qu'un Etourdi ; Cela tourne à tous vents.
Cervelle évaporée ; Eſprit jeune & frivole,
Que vous croyez tenir, au moment qu'il s'envole ;
Qui me choque en un mot ; & qui me choque au point,
Que chez moi, ſans ma Piece, il ne reſteroit point.
Mais il le faut avoir, ſi je veux qu'on la jouë ;
Et voila trop de fois, que mon Spectacle échouë.
A propos, ce Bonhomme, avec qui vous joüez,
Plaît-il ? que vous en ſemble ? excellent ! avoüez.

D A M I S.

Admirable !

M. F R A N C A L E U.
A-t'il l'air d'un Pére qui querelle ?
Heim ! Comme fa furprife a paru naturelle ?

D A M I S.
Attendez à juger de ce qu'il peut valoir,
Que vous en ayez vû ce que je viens d'en voir.
Il eft original, en ces fortes de rôle.

M. F R A N C A L E U.
Pour un mois, avec nous, il faut que je l'enrôle.

D A M I S.
De l'humeur dont il eft, j'admire feulement
Qu'il daigne fe prêter à nous, pour un moment.

M. F R A N C A L E U.
C'eft que je l'ai flatté du fuccès d'une affaire.
Tirons-en donc parti ; tandis qu'à nous complaire,
Et qu'à nous ménager, il a quelque intérêt.

D A M I S.
La Troupe ne fçauroit faire un meilleur acquêt.

M. F R A N C A L E U.
Si vous le fouhaités, c'eft une affaire faite.

D A M I S.
Perfonne, plus que moi, Monfieur, ne le fouhaite.

M. F R A N C A L E U.
Et perfonne, Monfieur, n'y peut mieux réüffir.

D A M I S.
Que Moi ?

M. F R A N C A L E U.
Que Vous.

D A M I S.
Par où ? D'aignez m'en éclaircir.

M. FRANCALEU.

Vous pouvés, à la Cour, lui rendre un bon office.

DAMIS.

Plût-au Ciel ! il n'eſt rien que pour lui je ne fiſſe.

M. FRANCALEU.

Vous êtes bien venu des Miniſtres ?

DAMIS.

Un Fat

Avoüeroit que la Cour fait de lui quelque état ;
Et paſſant du menſonge, à la ſottiſe extrême,
En le faiſant accroire, il le croiroit lui-même.
Mais je n'aime à tromper ni les autres ni moi.
Un Poëte, à la Cour, eſt de bien mince aloi.
Des ſuperfluités, il eſt la plus futile.
On court au néceſſaire ; on y ſonge à l'utile :
Où ſi, vers l'agréable, on panche quelquefois,
Nous ſommes éclipſez par le moindre minois ;
Et là, comme autre part, les ſens entraînant l'Homme,
Minerve eſt éconduite, & Vénus a la pomme.
Ainſi, je n'oſerois vous promettre pour lui,
Sur un crédit ſi frêle, un bien ſolide apui.

M. FRANCALEU.

Ma parole, en ce cas, ſera donc mal gardée ;
Car je comptois ſur vous, quand je l'ai haſardée.

DAMIS.

Et de quoi s'agit-il encor ? Voyons un peu.

M. FRANCALEU.

Il veut faire enfermer un fripon de Neveu ;
Un Libertin, qui s'eſt attiré ſa diſgrace,
En ne faiſant rien moins que ce qu'on veut qu'il faſſe.

DAMIS *vivement*.

Oh ! je le ſervirai, ſi ce n'eſt que cela !
Et mon peu de crédit ira bien juſques-là.

M. FRANCALEU.

Non non, laiſſez ! parbleu ! j'admire ma ſottiſe !

Il fait quelque pas pour s'en aller.

DAMIS *l'arrêtant.*

Quoi donc ?

M. FRANCALEU.

J'en vais charger quelqu'un, dont je m'aviſe

DAMIS.

Ah ! gardez-vous-en bien, s'il vous plaît ?

M. FRANCALEU.

Et pourquoi?

DAMIS.

Quand je vous dis qu'on peut s'en repoſer ſur moi !

M. FRANCALEU.

C'eſt qu'avec celui-ci, l'affaire ira plus vîte.

DAMIS.

Je ſerois très-fâché qu'il en eût le merite.

M. FRANCALEU.

Songez donc que, ce ſoir, il aura mon billet ;
Et que j'aurai demain la Lettre de cachet.

DAMIS.

Mon Dieu ! laiſſez-moi faire ! ayez cette indulgence.

M. FRANCALEU.

Mais vous ne ferez pas la même diligence ?

DAMIS.

Plus grande encor.

M. FRANCALEU.

Oh non !

DAMIS.

Que direz-vous pourtant,
Si votre homme, ce ſoir, ce ſoir-même, eſt content?

M. FRANCALEU.

Ce foir ! ah ! fur ce pié , je n'ai plus rien à dire.
Mais comment ce tems-là poura-t'il vous fufire ?

DAMIS.

Je ne vous promets rien , par-delà mon pouvoir.

M. FRANCALEU.

Vous promettés pourtant beaucóup.

DAMIS.

Vous allez voir.

Mais, Monfieur, on diroit, à cette ardeur extrême ,
Qu'à ce pauvre Neveu, vous en voulez vous-même.

M. FRANCALEU.

Sans doute : & j'ai raifon. L'Oncle me fait pitié.
Et tout mauvais Sujèt mérite inimitié.
Tenez ! J'ai toujours eu l'amour de l'ordre en tête.
Vous menés , par exemple , un train de vie honnête,
Vous ; cela fait plaifir, mais n'étonnera pas :
Car vous me fréquentés , & vous fuivés mes pas.
Des travers du Jeune homme , un Fou fera la caufe.
Auffi l'ordre du Roi, pour le bien de la chofe ,
Devroit faire enfermer, avec le Libertin ,
Tel, chez qui l'on fçaura qu'il eft foir & matin.
Vous riez ! mais je parle en Pére de famille.

SCENE V.

FRANCALEU, DAMIS, LISETTE.

M. FRANCALEU.

QUE viens-tu m'annoncer ?

LISETTE.

Que je me dés-habille.

M. FRANCALEU.

Quoi la Piéce....

LISETTE.

Est au croc, une seconde fois.

M. FRANCALEU.

Faute d'Acteurs?

LISETTE.

Tantôt, il n'en manquoit que trois;
Mais, ma foi, maintenant c'est bien une autre histoire.

M. FRANCALEU.

Quoi donc?

LISETTE.

Vous n'avez plus d'Acteurs, ni d'Auditoire.

M. FRANCALEU.

Que dis-tu?

LISETTE.

Tout défile & vole vers Paris.

M. FRANCALEU.

Désertion totale!

LISETTE.

Oui, pour avoir appris
Que ce soir, on y joüe une Piéce nouvelle,
Dont le titre les pique, & les met en cervelle.

M. FRANCALEU.

Ah! j'en suis!

LISETTE.

L'heure presse; & Tous ont décampé,
Comptant se retrouver ici, pour le soupé.

DAMIS.

Quelle rage! à quoi bon cette brusque sortie?
Comme s'ils n'eussent pû remettre la partie.

M. FRANCALEU.

Non. Le fort d'une Piéce eft-il en notre main ?
Nous en voyons mourir, du foir au lendemain.
Celle-ci peut n'avoir qu'une heure ou deux à vivre.
Si nous la voulons voir ; fongeons donc à les fuivre.
Venés.

DAMIS.

J'augure mieux de la Piéce, que Vous.
D'ailleurs, ce qui fe vient de conclure entre Nous,
De foins très-férieux, remplira ma foirée.

M. FRANCALEU.

Adieu donc. Demeurés, Monfieur De l'Empirée.
Votre refus fait place à Monfieur Baliveau,
Qui, dans l'Art du Théâtre, étant encor nouveau,
Ne fera pas fâché qu'on le méne à l'Ecole.
Qui plus eft, fon Neveu l'occupe & le défole :
Et la Piéce nouvelle eft un amufement,
Qui poura le lui faire oublier, un moment.

(Il s'en va.)

DAMIS *à part.*

Ouida, c'eft bien s'y prendre.

SCENE VI.

DAMIS, LISETTE.

LISETTE *à part ayant examiné Damis attentivement durant le cours de la Scene précédente.*

Un peu de hardieffe !
Cet homme-ci, je crois, eft l'Auteur de la Piéce !
Faifons qu'il fe trahiffe ; il en eft un moyen.
(haut) Vous rifquez, en tardant, de ne trouver plus rien.

Monſieur raiſonnoit juſte ; & votre attente eſt vaine ;
Car la Piéce eſt mauvaiſe ; & ſa chûte eſt certaine.

D A M I S.

Certaine !

L I S E T T E.
Oui, cet arrêt dût-il vous chagriner.

D A M I S.
Mademoiſelle a donc le don de deviner ?

L I S E T T E.
Non ; mais c'eſt ce que mande un Connoiſſeur en titre,
Dont le goût n'a jamais erré, ſur ce chapitre.

D A M I S.
Et ce grand Connoiſſeur, dont le goût eſt ſi fin ?

L I S E T T E.
Ne croit pas que la Piéce aille juſqu'à la fin.

D A M I S.
Je voudrois bien ſçavoir, ſur quelle conjecture.

L I S E T T E.
Sur ce qu'hyer, chez lui, l'Auteur en fit lecture.

D A M I S.
Chez lui ! L'Auteur ! Hier !

L I S E T T E.
Oui. Qu'a donc ce diſcours…

D A M I S *à part.*
Je ne ſuis pas ſorti d'ici, depuis huit jours.

L I S E T T E *à part.*
Je le tiens.

D A M I S.

C'eſt Alcippe ! oh ! c'eſt lui, je le gage.
Nouvelliſte éfronté, ſufiſant Perſonnage,
Qui raiſonne au haſard, de Nous & de nos vers,
Et pour, ou contre Nous, prévient tout l'Univers.

Cela sçait ses Foyers , sa Ville , ses Provinces ,
Ses intrigues de Cour , son Cabinet des Princes ;
Pése ou régle à son gré, les plus grands intérêts ,
Et croit ses visions , d'immuables arrêts.
Présent, passé, futur ; tout est de sa portée.
Le Livre des Destins s'emplit, sous sa Dictée.
Rien ne doit arriver, que ce qu'il a prédit :
Et l'événement seul toujours le contredit.
(à Lisette.) Et n'a-t'il pas poussé l'impertinence extrême
Jusqu'à nommer l'Auteur?

LISETTE.

Non, Monsieur; c'est vous-même
Qui venés de tout dire , & de vous déceler.
Alcippe , en tout ceci , n'a rien à démêler.
Moi seule je mentois : & je m'en remercie ;
Vû le plaisir que j'ai de me voir éclaircie.

(Elle veut s'en aller.

DAMIS la retenant.

Lisette !

LISETTE.

Hé bien ?

DAMIS.

De grace !... Etourdi que je suis

LISETTE.

Que voulés-vous de Moi?

DAMIS.

Du secret.

LISETTE.

Je ne puis.

DAMIS.

Quelques jours seulement !

LISETTE.

Cela n'est pas possible.

DAMI

DAMIS.

Eh! ne me faites pas ce déplaisir sensible!
Laissés-moi recevoir un encens qui soit pur,
En cas de réüssite, ainsi que j'en suis sûr,

LISETTE.

J'imagine un marché dont l'espèce est plaisante.
D'un secrèt tout entier la charge est trop pesante.
Partageons celui-ci, par la belle moitié.
Tenés, si vous tombés, je parle sans pitié.
Si vous réüssissés, je consens de me taire.
Voilà, pour vous servir, tout ce que je puis faire.

DAMIS.

Et je n'en veux pas plus; car je réüssirai.

LISETTE.

Oh bien, en ce cas-là, Monsieur, je me tairai.

Dorante ici paroît au fond du Théâtre, d'où il les voit & les écoute.

DAMIS *baisant les mains de Lisette.*

Avec cette promesse, où mon espoir se fonde,
Je vous laisse, & m'en vais le plus content du monde.

(*Il sort.*)

SCENE VII.

DORANTE, LISETTE.

LISETTE *bas, ayant apperçû Dorante, & lui tournant brusquement le dos.*

LE Jaloux nous surprend; le voilà furieux;
Car je passe, à coup sûr, pour Lucile, à ses yeux.

DORANTE *sans approcher.*

~~Avec cette promesse, où mon espoir se fonde,~~
~~Je vous laisse, & m'en vais le plus content du monde.~~

G

Madame, on n'aura pas de peine à concevoir,
Quelle étoit la promesse; & quel est cet espoir.
Mais ce que l'on auroit de la peine à comprendre:
C'est que cette promesse & si douce & si tendre,
Reçue à la même heure, & presque au même lieu,
Mot à mot, dans ma bouche, ait mis le même adieu.
Il faut vous en faire un de plus longue durée,
Et dont vous vous teniés un peu moins honorée.

Adieu, Madame; Adieu! Ne vous flattés jamais,
Que je vous aye aimée, autant que je vous hais!

Il fait quelques pas pour s'en aller.

LISETTE *bas.*

Donnons-nous, à notre aise, ici la comédie.
Car il va revenir.

Elle s'assied au-devant & à l'un des coins du Théâtre, en face du Parterre; se cachant le visage avec son éventail, du côté par où Dorante peut l'aborder.

DORANTE *croyant voir dans cette attitude, l'embarras d'une personne confonduë.*

Ah, quel... Monstre de perfidie!
A votre âge! Passer sans pudeur, sans égard,
Des mains de la Nature, à ce comble de l'Art!
M'avoir peint ce Rival, comme le moins à craindre!
M'avoir persuadé, presqu'au point de le plaindre!
Qu'avés-vous prétendu, par cette trahison?
Pourquoi d'un vain espoir y mêler le poison?
Me venir étaler d'obligeantes allarmes?
Me dire, en paroissant prête à verser des larmes:
Dorante! ou je fléchis mon Pére! ou de mes jours,
A l'azile où j'étois, je consacre le cours!
Quels étoient vos desseins? répondés-moi, Cruelle!
Ne les dois-je imputer qu'à l'orgueil d'une Belle,

Qui jalouse des droits d'un éclat peu commun,
Veut gagner tous les Cœurs, & n'en veut perdre aucun?
Ce reproche fût-il le seul que j'eusse à faire !
Mais, helas ! malgré moi, la vérité m'éclaire.
Ce Rival, dès long-tems, est le Rival aimé.
C'est pour lui que j'ai vû votre front allarmé ;
Et quand vous me disiés que j'en étois la cause,
Quand vous promettiés plus que l'amour même n'ose,
C'est que de votre Amant vous protégiés les jours ;
Et vouliés ralentir la vengeance où je cours.
Oui, j'y vole ! On ne l'a tantôt que différée ;
Et ma rage, à vos yeux, l'auroit déja tirée ;
J'attaquois de nouveau le Traître, en arrivant ;
Si je n'eusse voulu joüir auparavant
De la confusion qui vous ferme la bouche !
Que ma plainte à-présent vous révolte ou vous touche !
Repentés-vous, ou non, de m'avoir outragé !
Vous ne me verrés plus, que mort, ou que vengé !

L I S E T T E effrayée.

Dorante !

D O R A N T E.

Je m'arrête au cri de l'Infidelle !
Elle tremble, il est vrai : mais pour qui tremble-t'elle ?
N'importe : Je l'adore ; Ecoutons-la. Parlés.

Il revient & reste encore à quelque distance d'elle.

Je veux encor, je veux tout ce que vous voulés,
Rejettons le passé, sur l'inexpérience :
Et redemandés-moi toute ma confiance.
Un regard, un seul mot n'a qu'à vous échapper,
Mon cœur vous aidera lui-même, à me tromper.

G ij

~~Ah, ... plûtôt perdre de votre ?~~

Vous me haïssez !

LISETTE *avec une voix enfantine &*
dolente.

Non.

DORANTE *un autre a su vous plaire !*
~~Vous en aimés un autre ?~~

LISETTE.

Hé non !

DORANTE. *puis-je y prétendre ,*
~~Vous m'aimés donc ?~~

LISETTE.

Oui.

DORANTE.

~~M'y fierai-je ?~~

~~LISETTE.~~

~~Helas !~~

DORANTE.

~~Hé bien, je n'en veux plus douter ! Ne sçai-je pas~~
Que l'infidélité, sur-tout dans la jeunesse,
Souvent est moins un crime au fond, qu'une foiblesse,
Qui peut servir ensuite à vous en détourner,
Lorsque la nôtre va jusqu'à vous pardonner.

Il s'approche enfin d'elle tout transporté.

Je vous pardonne donc ; & même vous excuse.
Lisette est contre moi ; Lisette vous abuse ;
Ce sont ici des coups qu'elle seule a conduits ;
C'est Elle qui me met dans l'état où je suis.

LISETTE.

Il est vrai.

DORANTE *se jettant à ses genoux, &*
lui prenant une main.

C'est assez ! Mon ame satisfaite....

SCENE VIII.

L U C I L E, D O R A N T E, L I S E T T E.

LUCILE *au fond du Théâtre.*

VEILLAI-JE ou non ? Dorante, aux genoux de
Lisette !

LISETTE *baissant l'éventail & se levant.*

Lui-même ! & qui me fait fort joliment sa cour.
  On vous prend sur le fait, Monsieur, à votre tour.
Songés à bien joüer le rôle que je quitte ;
Car vous nous voyés deux que votre faute irrite.
Enfin concevés-vous combien vous vous trompiés ?

D O R A N T E.

Je croyois en effet, Madame, être à vos pieds.
Son habit m'a fait faire une lourde-bévûë.

L I S E T T E.

Madame, vous plaît-il que je vous restituë
Les fleurettes qu'avant d'embrasser mes genoux,
Monsieur me débitoit, croyant parler à vous ?
N'en déplaise à l'amour si doux dans ses peintures,
Je vous restituërois un beau torrent d'injures.

D O R A N T E.

Eh ! quel autre, à ma place, eût pû se contenir ?

L I S E T T E.

Je vous devois cela, Monsieur, pour vous punir.

L U C I L E.

Eh quoi ? Dorante, après mille & mille assurances,
Qui, tout-à-l'heure encor, passoient vos espérances,

G iij

Le reproche & l'injure aigriffoient vos difcours?
Et, fur le ton plaintif, on vous trouve toujours?

DORANTE.

Loin de vous voir icy vous plaindre de moy
~~Avant que, fur ce ton, vous le preniés vous-même,~~
Vous qui fçavés, Madame, à quel point je vous aime,
Inftruifés vous, de grace
~~Souffrés qu'on vous inftruife;~~ après quoi décidez
Si mes foupçons jaloux n'étoient pas bien fondez.
Je furprens mon Rival…

LUCILE.

Oui, j'ai tort de me plaindre!
En effet, ma foibleffe autorife à tout craindre:
Et l'aveu que j'ai fait trop naïf & trop prompt,
De votre défiance a mérité l'afront.
Mais vous trouverés bon, qu'en me faifant juftice,
Cette Juftice même auffi nous défuniffe;
Et rompe, entre nous deux, un nœud mal afforti,
Dont jamais on ne s'eft affez-tôt repenti.

DORANTE.

Ecoutons-nous, de grace! Encor un coup, Madame;
Bien loin, qu'en tout ceci, je mérite aucun blâme;
Croyés, fi j'euffe pû ne me pas allarmer,
Que je ne ferois pas digne de vous aimer.
Je viens, je vois, j'entends….

LUCILE.

Depuis quand, je vous prie,
N'eft-on digne d'aimer, qu'autant qu'on fe défie?
Ainfi l'amour jamais doit n'être fatisfait?
Et le plus foupçonneux eft donc le plus parfait?
Jufte fujet, pour Moi, de crainte & de rupture!
Vos vers m'en avoient fait toute une autre peinture.
J'aime trop mon repos, pour le perdre à ce prix;
Et ne jugerai plus des Gens, par leurs écrits.

DORANTE.

Mais ayés la bonté....

LUCILE.

Ma bonté m'a trahie !
Vous feriés, je le vois, le malheur de ma vie.
Je ne recueillerois de mes foins les plus doux,
Que l'éclat fcandaleux des fureurs d'un Jaloux.
Que n'ai-je confervé, prévoyante & foumife,
L'infenfibilité que je m'étois promife !
Lifette ! je t'ai crûë ; & Toi feule, tu m'as...

LISETTE *à Dorante voyant pleurer Lucile.*

N'avés-vous point de honte ?

DORANTE.

Eh, ne m'accable pas !
Tu fçais mon innocence. Appaifés vos allarmes,
Lucile ! Retenés ces précieufes larmes !
C'eft mon injufte amour qui les a fait couler ;
C'eft lui qui toutefois, pour Moi, doit vous parler.
L'Amour eft défiant, quand l'Amour eft extrême !

LUCILE.

S'il fe faut quelquefois défier, quand on aime,
C'eft de tout ce qui peut, dans le cœur allarmé,
Soulever des foupçons contre l'Objet aimé.
Je tiens, vous le fçavés, cette fage maxime,
De ces vers qui vous ont mérité mon eftime ;
De votre propre Idile, ouvrage féducteur,
Où votre efprit fe montre ; & non pas votre cœur.

DORANTE.

Ni l'un ni l'autre. Il faut qu'enfin je le confeffe,
Madame ; & que je céde au remords qui me preffe.
Du moins, vous concevrés, après un tel aveu,
Pourquoi tout mon bonheur me raffure fi peu.

C'eſt que je n'en joüis qu'à titre illégitime :
C'eſt que tous ces Ecrits , ſource de votre eſtime ,
Vous venoient , par mes ſoins , mais ne ſont pas de Moi.

LUCILE.

Ils ne ſont pas de Vous !

DORANTE.
Non.

LISETTE.
Le ſot homme !

LUCILE.
Quoi ?....

DORANTE.

Laiſſant lire , il eſt vrai , dans le fond de mon ame ,
J'inſpirois le Poëte , en lui peignant ma fiamme.
Que ſon Art , à mon gré , s'y prenoit foiblement !
Et que le bel eſprit eſt loin du ſentiment !
Mais cet Art vous amuſe ; il a fallu vous plaire ,
Laiſſer dire des riens , ſentir mieux , & ſe taire !
N'eſt-ce donc qu'à l'eſprit que votre cœur eſt dû ?
Et ma ſincérité m'auroit-elle perdu ?

LUCILE.

Votre ſincérité mérite qu'on vous aime ,
Dorante ; auſſi pour vous ſuis-je toujours la Même.
Tel eſt enfin l'effet de ces vers que j'ai lûs :
J'étois indiférente , & je ne le ſuis plus ;
Et je ſens que , ſans vous , je le ſerois encore.

DORANTE.

Vous ne vous plaindrés plus d'un cœur qui vous adore ,
Où vous établiſſez la paix & le bonheur ;
Et qui commence enfin d'en goûter la douceur.

LISETTE.

Tréve de beaux diſcours ! il eſt tems que j'y penſe.
De par Monſieur , expreſſe & nouvelle défenſe

De foufrir que jamais vous ofiés nous parler.
DORANTE.

Il aura fçû mon nom !
LUCILE.

Ah, tu me fais trembler !
LISETTE.

Et même ici quelqu'un, peut-être, nous épie.
Séparés-vous ! rentrés, Madame, je vous prie.
Nous allons concerter un projèt important.
DORANTE.

Raffurés-moi d'un mot encore, en me quittant ;
Ou déja mon efpoir eft tout prêt à s'éteindre.
LUCILE.

De vos Rivaux du moins vous n'avés rien à craindre.
Mon Pére poura bien, en ce commun danger,
Défapprouver mon choix ; mais jamais le changer.

SCENE IX.

DORANTE, LISETTE.

DORANTE.

QUELQUUN m'a défervi près de lui ; je parie.
LISETTE.

Eh ! ne vous en prenés qu'à votre étourderie,
Et fur-tout au mépris dont vous avés heurté
La rage qu'il avoit tantôt d'être écouté.
DORANTE.

Ouï, j'ai tort, je l'avouë ; à préfent il peut lire :
Je l'écoute. Ou plûtôt fans cela, je l'admire :

Et m'ofre, en trouvant beau tout ce qui lui plaira,
De me couper la gorge, avec qui le niera.

LISETTE.

Ce n'eſt pas maintenant votre plus grande affaire.
Songés à profiter d'un avis ſalutaire.

Pourriés-vous nous trouver de ces Perturbateurs
Du repos du Parterre & des pauvres Auteurs,
Contre les Nouveaûtez ſignalant leurs proüeſſes,
Et ſe faiſant un jeu de la chûte des Piéces ?

DORANTE.

Qué diable en veux-tu faire? Oui, vraiment, j'en connois.

LISETTE.

Courés les ameûter : pour aller, aux François,
Sur ce qui s'y joüera, faire éclater l'orage.
La piéce eſt de l'Auteur qui vous fait tant d'ombrage.
Le Pére de Lucile y vient d'aller....

DORANTE.

Tu veux....

LISETTE.

Ah! j'en ferois d'avis ! Faites le ſcrupuleux !
Damis ne l'eſt pas tant, Lui ; car à votre Pére,
Il a de votre amour écrit tout le myſtére.
Ce n'aura pas été pour vous ſervir, je croi.
Et vous le voudriés ménager ? Et ſur quoi ?
Les plaiſans intérêts, pour balancer les vôtres !
Une piéce tombée ; il en renaît mille autres.
Mais Lucile perduë, où ſera votre eſpoir ?
Monſieur de Francaleu, vous dis-je, va la voir.
Il n'a déja que trop ce bel Auteur en tête.
S'il le voit triompher ; c'eſt fait, rien ne l'arrête :
Il lui donne ſa Fille : & croiroit aujourd'hui
S'allier à la Gloire, en s'alliant à lui.

DORANTE.

Ah ! tu me fais frémir ! & des tranſes pareilles
Me livrent en aveugle, à ce que tu conſeilles.

SCENE X.

LISETTE *ſeule.*

AH, ah, Monſieur l'Auteur ! avec votre air humain,
Vous endormés les gens; vous écrivés ſous main;
Vous avés du manége ; & votre eſprit ſuperbe
Croit déja, ſous le pied, nous avoir coupé l'herbe !
Un bon coup de ſiflet va vous être lâché ;
Et vous ſçavés alors quel eſt notre marché.

Fin du Quatriéme Acte.

ACTE CINQUIÉME.

SCENE I.

DAMIS *seul.*

JE ne me connois plus, aux transports qui m'agitent.
En tous lieux, sans dessein, mes pas se précipitent.
Le noir pressentiment, le repentir, l'éfroi,
Les préfages fâcheux volent autour de moi.
Je ne suis plus le Même enfin, depuis deux heures.
Ma piéce, auparavant, me sembloit des meilleures :
Je n'y vois maintenant que d'horribles défauts.
Du foible, du clinquant, de l'obfcur & du faux.
De-là, plus d'une image annonçant l'infamie !
La Critique éveillée ; une Loge endormie ;
Le Refte, de fatigue & d'ennui haraffé ;
Le Soufleur étourdi ; l'Acteur embaraffé ;
Le Théâtre diftrait ; le Parterre en balance,
Tantôt bruyant, tantôt dans un profond filence ;
Mille autres vifions, qui toutes dans mon cœur,
Font naître également le trouble & la terreur.
     Voici l'heure fatale, où l'arrêt se prononce !
Je féche. Je me meurs. Quel métier ! J'y renonce !
Quelque flateur que foit l'honneur que je pourfuis,
Eft-ce un équivalent aux horreurs où je fuis ?
Il n'eft force, courage, ardeur qui n'y fuccombe.
Car enfin, c'en eft fait ; je péris, fi je tombe.
Où me cacher ? Où fuir ? Et par où défarmer
L'honnête Oncle qui vient, pour me faire enfermer ?

Quelle Egide oppofer aux traits de la Satyre ?
Comment paroître aux yeux de Celle à qui j'afpire ?
De quel front, à quel titre, oferois-je m'ofrir,
Moi, miférable Auteur, qu'on viendroit de flétrir ?

(Il fe tait quelque-tems, & fe promene à grands pas comme un homme ex-
trémement agité.)

Mais mon incertitude eft mon plus grand fuplice.
Je fuporterai tout, pourvû qu'elle finiffe.
Chaque inftant qui s'écoule, empoifonnant fon cours,
Abrége au moins d'un an, le nombre de mes jours.

SCENE II.

M. FRANCALEU, M. BALIVEAU, DAMIS.

M. FRANCALEU *à Damis.*

HE bien ! une autre fois, malgré mes conjectures,
Vous fierés-vous encore à vos heureux augures,
Monfieur ? J'avois donc tort, tantôt, de vous prêcher,
Que lorfqu'on veut tout voir, il faut fe dépêcher ?
Voilà pourtant ! voilà ! la Nouveaûté … flambée !

DAMIS *à part comme un homme bien foulagé.*
Et mon fort décidé ! Je refpire. *(haut)* Tombée ?

M. FRANCALEU.
Tout-à-plat !

DAMIS.
Tout-à-plat !

M. BALIVEAU.
Oh ! tout-à-plat.

DAMIS.
Tant pis !
C'eft qu'ils auront joüé, comme des Etourdis.

M. BALIVEAU.

Sifflée, & resifflée!

DAMIS.

Et le méritoit-elle?

M. BALIVEAU.

Il ne faut pas douter que l'Auteur n'en appelle.
Le plus impertinent n'a jamais dit : J'ai tort.

M. FRANCALEU.

Celui-ci pourroit bien n'en pas tomber d'accord,
Sans être, pour cela, taxé de sufisance.
Car jamais le Public n'eût moins de complaisance.
Comment veut-il juger d'une piéce en effet,
Au tintamare afreux qu'au Parterre on a fait?
Ah! nous avons bien vû des fureurs de cabale;
Mais jamais il n'en fût, ni n'en sera d'égale.
La piéce étoit venduë aux siflets aguérris
De tous les Etourneaux des Caffez de Paris.
Il en est venu fondre un Essaim! Des Nuées!
    Cependant à travers les brocards, les huées,
Le carillon des toux, des nez, des paix-là, paix,
J'ai trouvé....

M. BALIVEAU.

Ma foi moi, j'ai trouvé tout mauvais.

M. FRANCALEU.

On en peut mieux juger, puisque l'on s'en escrime.
Mortbleu! je le maintiens. J'ai trouvé.... telle rime...

à Damis qui l'écoutoit avidement, & qui ne l'écoute plus.

Oui; telle rime, digne elle seule, à mon gré,
De relever l'Auteur que l'on a dénigré.

M. BALIVEAU.

Tout ce que peut de mieux l'Auteur, avec sa rime,
Ce sera, s'il m'en croit, de garder l'anonyme;

Et de n'exercer plus un talent fuborneur,
Dont les productions lui font fi peu d'honneur.

DAMIS.

C'eft, s'il eût réüffi, qu'il pouroit vous en croire ;
Et demeurer oifif, au fein de la victoire,
De peur qu'une démarche à de nouveaux lauriers
Ne portât quelque atteinte à l'éclat des premiers ;
Mais contre fes Rivaux, & leur noire malice,
Le parti qui lui refte, eft de rentrer en lice ;
Sans que jamais il fonge à la défemparer,
Qu'il ne les force eux-mêmes, à venir l'admirer.
Le Nocher, dans fon art, s'inftruit pendant l'orage,
Il n'y devient expert, qu'après plus d'un naufrage.
Notre fort eft pareil, dans le métier des vers :
Et pour y triompher, il y faut des revers.

M. FRANCALEU.

C'eft parler en Poëte ! en Héros ! en grand Homme !
(*à Baliveau.*) Vous êtes ftupéfait ; ce trait-là vous affomme ?
Vivent les grands Efprits, pour former les grands cœurs !
Mais cela n'apartient qu'à nous autres Auteurs.
(*à Damis.*) N'eft-ce pas, mon Confrére ?

SCENE III.

M. BALIVEAU, M. FRANCALEU, DAMIS, MONDOR.

DAMIS *à Mondor qui le tire par la
bafque du jufte-
au-corps.*

HE bien ?

MONDOR *bas & d'un air confterné.*

Je vous annonce....

DAMIS.

Je ſçai, je ſçai. Ma Lettre ?

MONDOR.

En voilà la Réponſe.

DAMIS.

Laiſſe-nous. Je te ſuis. Meſſieurs, permettés-moi
D'aller décacheter à l'écart ; après quoi,
Je compte vous rejoindre : & laiſſant vers & proſe,
Nous nous entretiendrons, s'il vous plaît, d'autre choſe.

SCENE IV.

M. BALIVEAU, M. FRANCALEU.

M. BALIVEAU.

Oui : changeons de propos, & laiſſons tout cela.

M. FRANCALEU.

Si vous ſçaviés combien j'aime ce Garçon-là.

M. BALIVEAU.

C'eſt qu'à ce que je vois, ſa marotte eſt la vôtre.

M. FRANCALEU.

C'eſt que cela jamais n'a rien dit comme un autre.

M. BALIVEAU.

Belle prérogative !

M. FRANCALEU.

Une Lice ! un Nocher !
Comme nous n'allons droit, qu'à force de broncher !
Plaît-il ? vous l'entendiés ?

M. BALIVEAU.

Moi, non ; j'avois en tête,
La lettre de cachet, qui, dites-vous, eſt prête.

M. FRANCALEU.

M. FRANCALEU.

Ce Jeune-homme n’eſt pas du commun des Humains.
Les Grands-Seigneurs déja ſe l’arrachent des mains.

M. BALIVEAU.

J’enrage ! Revenons, de grace, à la promeſſe,
Dont vous m’avés flatté tantôt, pendant la piéce.

M. FRANCALEU.

Vous parlés d’une piéce ? Ah ! s’il en fait jamais,
Ce ſera de l’exquis ; c’eſt Moi qui le promets ;
Et je défierois bien la Cabale, d’y mordre.

M. BALIVEAU.

Parlés ! Aurai-je enfin, n’aurai-je pas mon Ordre ?

M. FRANCALEU.

Eh ! Tranquiliſés-vous ! Soyés ſûr de l’avoir.
Oui ; vous ſerés content, ce ſoir même ; ce ſoir !
C’eſt le terme qu’il prend. Votre affaire eſt certaine.
Et tenés, ſon retour va vous tirer de peine ;
Car je gagerois bien que, tout en badinant,
L’Ordre eſt dans le paquèt qu’il ouvre maintenant.

M. BALIVEAU.

Qu’il ouvre maintenant ! Qui ?

M. FRANCALEU.

                          Celui qui nous quitte.

M. BALIVEAU.

Plaît-il ?

M. FRANCALEU.

          Etes-vous ſourd ? Cet Homme de mérite.

M. BALIVEAU.

Monſieur De l’Empirée ?

M. FRANCALEU.

                    Et Qui donc ?

M. BALIVEAU.

                          Quoi ? C’eſt Lui,

H

Dont le zéle, pour Moi, follicite aujourd’hui !
M. FRANCALEU.
Lui-même. Il a trouvé que vous joüiés en Maître;
Et votre Admirateur, autant que l’on doit l’être,
Il veut vous enrôler, pour un mois, parmi Nous.
Moi, le voyant d’humeur à tout faire pour Vous,
J’ai dû le mettre au fait de ce qui vous intrigue,
Et des égaremens de votre Enfant prodigue.
Il a, fur cette affaire, obligeamment pris feu,
Comme fi ç’eût été la fienne propre.
M. BALIVEAU.

Adieu.
M. FRANCALEU l’arrêtant.
Comment donc ?
M. BALIVEAU.
Vous avés opéré des prodiges !
M. FRANCALEU.
Monfieur le Capitoul, vous avés des vertiges !
M. BALIVEAU.
Eh ! c’eft Vous qui, plutôt que mon Neveu cent fois,
Mériteriés…. Je fuis le moins fenfé des Trois.
Serviteur !
M. FRANCALEU.
Mais encor ! Entre amis, l’on s’explique.
Ne pourroit-on fçavoir quelle moûche vous pique ?
Quoi ? Lorfque nous tenons….
M. BALIVEAU.
Non ! Nous ne tenons rien !
Puifqu’il faut vous le dire ; & cet Homme de bien,
Au mérite de qui, vous êtes fi fenfible,
Eft le Pendard à qui j’en veux.
M. FRANCALEU.
Eft-il poffible ?

M. BALIVEAU.

Le voilà ! Maintenant, foyés émerveillé
Du jeu de la Surprife, où j'ai tantôt brillé.
Si j'euffe vû le Diable ! Elle eût été moins grande.

M. FRANCALEU.

Je vous en offre autant. A préfent ! je demande,
Où vous prenés le mal que vous m'en avés dit.
Un Garçon ftudieux, de probité, d'efprit ;
Beau feu, judiciaire ; en qui tout fe raffemble ;
Un Phœnix, un Tréfor....

M. BALIVEAU.

       Un Fou qui vous reffemble !
Allés, vous mérités cette apoftrophe-là.
De bonne foi, fiéd-il, à l'âge où vous voilà,
Fait pour morigéner la Jeuneffe étourdie,
Que par vous-même, au mal, Elle foit enhardie ?
Et que l'Ecervelé, qui me brave aujourd'hui,
Au lieu d'un Adverfaire, en Vous, trouve un appui ?
Il verfifiera donc ! Le beau genre de vie !
Ne fe rendre fameux, qu'à force de folie !
Etre, pour ainfi dire, un homme hors des rangs !
Et le Joüet titré des Petits & des Grands !
Examinés les Gens du métier qu'il embraffe.
La Pareffe, ou l'Orgueil en ont produit la Race.
Devant quelques Oififs, Elle peut triompher ;
Mais, en bonne police, on devroit l'étoufer.
Oui ! Comment foufre-t'on leurs licences extrêmes ?
Que font-ils pour l'Etat ? Pour les Leurs ? Pour Eux-
    mêmes ?
De la Société véritables Frélons,
Chacun les y méprife ; & craint leurs aiguillons.
Damis eût figuré dans un Pofte honorable ;
Mais ce ne fera plus qu'un Gueux, qu'un Miférable,

A la perte duquel, en homme infatüé,
Vous aurés eû l'honneur d'avoir contribüé.
Félicités-vous bien ! L'œuvre est très-méritoire !

M. FRANCALEU.

Oncle indigne à jamais, d'avoir part à la gloire
D'un Neveu qui déja vous a trop honoré !
Sçavés-vous ce que c'est que tout ce long narré ?
Préjugé populaire ! Esprit de Bourgeoisie,
De tout tems, gendarmé contre la Poësie.
Mais apprenés de Moi, qu'un Ouvrage d'éclat,
Anoblit bien autant que le Capitoulat.
Apprenés....

M. BALIVEAU.

　　　　Apprenés de Moi, qu'on ne voit guére
Les Honneurs, en ce Siécle, accueillir la Misére :
Et que la Pauvreté, par qui tout s'avilit,
Dégrade quelquefois ; mais jamais n'anoblit.
Forgés-vous des plaisirs de toutes les espèces.
On fait, comme on l'entend, quand on a vos richesses :
Mais Lui, que voulés-vous qu'il devienne à la fin ?
Son partage assuré ; c'est la soif, & la faim.
Et, d'un œil satisfait, on veut que je le voye ?
Soit ! A vos visions, je l'abandonne en proye !
Il peut se reposer de ses nobles destins,
Sur Ceux qui, dites-vous, se l'arrachent des mains.
Qu'il périsse ! Il est libre. Adieu !

M. FRANCALEU.

　　　　　　Je vous arrête,
En véritable Ami, dont la réplique est prête :
Et vais vous faire voir, avec précision,
Que nous ne sommes pas des Gens à vision.
　Si j'admire ! en Damis, un don qui vous irrite,
Votre chagrin me touche, autant que son mérite ;

Afin donc que son sort ne vous allarme plus ;
Je lui donne ma Fille, avec cent mille écus.

M. BALIVEAU.

Qu'entends-je ?

M. FRANCALEU.

Assurément, c'est n'être pas à plaindre ;
Car Elle a de l'esprit, est belle, faite à peindre.
Holà, Quelqu'un ! Vous-même en jugerés ainsi,

(*à son valet.*)

Que l'on cherche Lucile ; & qu'Elle vienne ici.

(*à part.*)

Aussi-bien, Elle hésite ; & rien ne se décide.

(*à M. Baliveau.*)

Qu'est-ce ? Vous mollissés ? Votre front se déride ?
Vous paroissés émû ?

M. BALIVEAU.

Je le suis en effet.

Vous êtes un Ami bien rare & bien parfait !
Un procédé si noble est-il imaginable ?
Ne me trouvés donc pas, au fond, si condamnable.
Nous perçons l'avenir, ainsi que nous pouvons ;
Et sur le train des mœurs du Siécle, où nous vivons.
Quand à faire des vers, un jeune Esprit s'adonne ;
Même en l'applaudissant, je vois qu'on l'abandonne.
Damis, de ce côté, se porte avec chaleur ;
Et je ne lui pouvois pardonner son malheur ;
Mais, dès que d'un tel choix, votre bonté l'honore.....

H iij

SCENE V.

M. Baliveau, M. Francaleu, Damis.

M. Francaleu *à Damis*.

Vene's, venés, Monsieur ! Une autrefois encore
Vous serés à la Cour, notre Solliciteur.
Vous vous flatiés, ce soir, de contenter Monsieur.

Damis *à Baliveau*.

M'avés-vous trahi ?

M. Baliveau.

Non. Qu'entre Nous tout s'oublie,
Damis. Voici quelqu'un qui nous réconcilie;
Qui signale, à tel point, son amitié pour Nous,
Qu'il s'acquiert à jamais les droits que j'eus sur Vous.
Monsieur vous fait l'honneur de vous choisir pour Gen-
dre. *Voyant Damis interdit.*
Ainsi que Moi, la chose a lieu de vous surprendre;
Car de quelques talens dont vous fussiés pourvû,
Nous n'osions espérer ce bonheur imprévû.
Mais la Joye auroit dû, suspendant sa puissance,
Avoir déja fait place, à la Reconnoissance.
Tombés donc aux genoux de votre Bienfaiteur.

Damis *d'un air embarrassé.*

Mon Oncle....

M. Baliveau.

Hé bien ?

Damis.

Je suis....

M. Francaleu.

Quoi ?

Damis.

L'humble Adorateur

Des graces, de l'esprit, des vertus de Lucile;
Mais de tant de bontés, l'excès m'est inutile.
Rien ne doit l'emporter sur la foi des sermens;
Et j'ai pris, en un mot, d'autres engagemens.

M. FRANCALEU.

Ha!

M. BALIVEAU.

Le voilà cet Homme au dessus du Vulgaire,
Dont vous vantiés l'esprit & la judiciaire;
Qui, tout-à-l'heure, étoit un Phœnix, un Trésor !
Hé bien! de ces beaux noms, le nommés-vous encor?
   Va! maudit soit l'instant, où mon malheureux Frére
M'embarrassa d'un Monstre, en devenant ton Pére.

SCENE VI.

M. FRANCALEU, DAMIS.

M. FRANCALEU.

MONSIEUR, la Poësie a ses licences. Mais
Celle-ci passe un peu les bornes que j'y mets :
Et votre Oncle, entre nous, n'a pas tort de se plaindre.

DAMIS.

Les inclinations ne sçauroient se contraindre.
Je suis fâché de voir mon Oncle mécontent;
Mais Vous-même, à ma place, en auriés fait autant ;
Car je vous ai surpris, loüant Celle que j'aime,
A la loüer en homme épris plus que Moi-même;
Et dont le sentiment sur le mien renchérit.

M. FRANCALEU.

Comment ! La connoîtrois-je ?

DAMIS.

                    Oui ; du moins son esprit.

H iiij

Grace à l'heureux talent, dont l'orna la Nature;
Il est connu partout, où se lit le Mercure.
C'est-là, que sous les yeux de nos Lecteurs jaloux,
L'Amour, entr'Elle & Moi, forma des nœuds si doux.

M. FRANCALEU.

Quoi! ce seroit?… Quoi!…C'est…. la Muse originale
Qui, de ses impromptus, tous les mois, nous régale?

DAMIS.

Je ne m'en cache plus.

M. FRANCALEU.

Ce Bel-esprit sans pair?

DAMIS.

Hé, oui!

M. FRANCALEU.

Mériadec, De Kersic…. de Quimper….

DAMIS.

En Bretagne! Elle-même! Il faut être équitable.
Avoüés maintenant; rien est-il plus sortable?

M. FRANCALEU.

Embrassés-moi!

DAMIS.

De quoi riés-vous donc si haut?

M. FRANCALEU.

Du pauvre Oncle, qui s'est éfarouché trop tôt;
Mais nous l'appaiserons; rien n'est gâté.

DAMIS.

Sans doute,
Il sortira d'erreur, pour peu qu'il nous écoûte.

M. FRANCALEU.

Oh! c'est Vous qui, pour peu que vous nous écoûtiés,
Laisserés, s'il vous plaît, l'erreur, où vous étiés.

D A M I S.

Quelle erreur ? Qu'infinuë un pareil verbiage ?

M. F R A N C A L E U.

Que vous comptés en vain faire ce mariage.

D A M I S.

Ah ! vous aurés beau dire.

M. F R A N C A L E U.

Et Vous, beau protefter !

D A M I S.

Je l'ai mis dans ma tête.

M. F R A N C A L E U.
Il faudra l'en ôter.

D A M I S.

Parbleu non !

M. F R A N C A L E U.
Parbleu fi ! Parions.

D A M I S.

Bagatelle!

M. F R A N C A L E U.
La Perfonne pourroit , par exemple , être telle....

D A M I S.
Telle qu'il vous plaira : fufit qu'Elle aît un nom.

M. F R A N C A L E U.
Mais laiffés dire un mot! & vous verrés que non.

D A M I S.

Rien ! rien !

M. F R A N C A L E U.
Sans la chercher fi loin ....

D A M I S.

J'irois à Rome.

M. FRANCALEU.

Quoi faire ?

DAMIS.
J'ai promis; j'épouserai.
M. FRANCALEU.
Quel homme!

DAMIS.
Et tout en vous quittant, j'y vais tout difpofer.
M. FRANCALEU.
Oh! difpofés-vous donc, Monfieur, à m'époufer.
A m'époufer, vous dis-je? Oui, Moi! Moi! C'eft
Moi-même,
Qui fuis le bel Objet de votre amour extrême.
DAMIS.
Vous ne plaifantés point ?
M. FRANCALEU.
Non; mais en vérité,
J'ai bien, à vos dépens, jufqu'ici plaifanté;
Quand, fous le mafque heureux qui vous donnoit le
change,
Je vous faifois chanter des vers à ma loüange.
Voilà de vos arrêts, Meffieurs les Gens de goût !
L'Ouvrage eft peu de chofe : & le feul Nom fait tout.
Oh ç'a! laiffons donc là ce burlefque hyménée.
Je vous remets la foi que vous m'aviés donnée.
Ne fongeons déformais qu'à vous dédommager
De la faute, où ce jeu vient de vous engager.
Je vous fais perdre un Oncle, & je dois vous le rendre.
Pour cela, je perfifte à vous nommer mon Gendre
Ma Fille, en cas pareil, me vaudra bien, je croi;
Et n'eft pas un Parti moins fortable que Moi.
Tenés, lui pouriés-vous refufer quelque eftime ?
DAMIS *bas*.
Ah! Lifette la fuit! Malheur à l'Anonime !

SCENE VII.

M. Francaleu, Damis, Lucile, Lisette.

M. Francaleu.

Mignonne, venés-çà ! Vous voyés devant vous,
Celui dont j'ai fait choix pour être votre Epoux.
Ses talens....

Lisette.

Ses talens ! C'est où je vous arrête....

M. Francaleu.

Qu'on se taise !

Lisette.

Apprenés ?...

M. Francaleu.

Ne me romps pas la tête ;
Coquine ! Tu crois donc que je sois à sentir
Que, tout le jour ici, tu n'as fait que mentir ?

Damis *bas à M. Francaleu.*

Faites qu'Elle nous laisse un moment ; & pour cause.

M. Francaleu.

Vas-t'en.

Lisette.

Qu'auparavant je vous dise une chose !

M. Francaleu.

Je ne veux rien entendre.

Lisette.

Et Moi, je veux parler.
Tenés ! Voilà l'Auteur que l'on vient de sifler.

DAMIS.

Maintenant, Elle peut rester.

M. FRANCALEU.

L'Impertinente!

DAMIS.

A dit vrai.

LISETTE *à l'oreille de Lucile.*

Tenés bon; je vais chercher Dorante.

(Elle sort.)

SCENE VIII.

M. FRANCALEU, DAMIS, LUCILE.

M. FRANCALEU.

ELLE a dit vrai?

DAMIS.

Très-vrai.

M. FRANCALEU.

La nouvelle, en ce cas,
M'étonne bien un peu; mais ne me change pas.
Non, je n'en rabats rien de ma prémiere estime :
Loin de là, votre chute est si peu légitime,
Fait voir tant de Rivaux déchaînez contre Vous,
Qu'elle prouve combien vous les surpassés tous.
Et ma Fille n'est pas non plus si mal habile....

LUCILE.

Mon Pére....

DAMIS.

Permettés, belle & jeune Lucile....

LUCILE.

Permettés-moi, Monsieur, vous même, de parler.
  Mon Pére, il n'est plus tems de rien diffimuler.
D'un Pére, je le fçai, l'autorité fuprême,
Indique ce qu'il faut qu'on haïffe ou qu'on aime;
Mais, de ce droit, jamais vous ne futes jaloux.
Aujourd'hui même encor, vous vouliés, difiés-vous
Que par mon propre choix, je me rendiffe heureufe;
Vous vous en étiés fait une loi généreufe:
Et c'est ainfi qu'un Pére est toujours adoré;
Et que moins il est craint, plus il est révéré.
Vous m'avés ordonné furtout d'être fincére,
Et d'ofer là-deffus m'expliquer fans myftére.
Mon devoir le veut donc, ainfi que mon repos.

M. FRANCALEU.

Au fait! (*bas*) J'augure mal de cet avant-propos.

LUCILE.

Parmi les jeunes Gens que ce Lieu-ci raffemble…

M. FRANCALEU.

Ah! fort bien.

LUCILE.

Raffurés votre Fille qui tremble,
Et qui n'ofe qu'à peine embraffer vos genoux.

M. FRANCALEU.

Vous panchiés pour quelqu'un? J'en fuis fâché pour
  vous
Pourquoi tardiés-vous tant, à me le venir dire?

LUCILE.

C'est que Celui vers qui ce doux panchant m'attire,
Est le Seul juftement que vous aviés exclus.

M. FRANCALEU.

Quoi ? Quand j'ai mes raisons.....

LUCILE.

Vous ne les avés plus.

~~Son cœur, à mon égard, étoit felon le vôtre.~~
Vous craigniés qu'il ne fût dans les liens d'une Autre :
~~Et jamais un foupçon ne fut fi mal fondé.~~
Il ~~m'adore: & de Moi, près de Vous fecondé....~~
~~Ah ! je lis mon arrêt fur votre front févére !~~
~~Hé bien ! j'ai mérité toute votre colére !~~
~~Je n'ai pas, contre Moi, fait d'affés grands efforts.~~
~~Mais eft-ce donc avoir mérité mille morts ?~~
~~Car enfin, c'eft à quoi je ferois condamnée,~~
~~S'il falloit à tout Autre, unir ma deftinée.~~
~~Non ! vous n'uferés pas~~ de tout votre pouvoir,
~~Mon Pére ! accordons mieux~~ mon cœur & mon de-
voir.

~~Arrachés~~ moi du Monde, à qui j'étois renduë !
Hélas ! il n'a brillé qu'un inftant, à ma vûë !
Je fermerai les yeux, fur ce qu'il a d'attraits.
Puiffe le ciel m'y rendre infenfible à jamais !

M. FRANCALEU.

La fotte chofe en Nous, que l'amour paternelle !
Ne fuis-je pas déja prêt à pleurer, comme Elle ?

DAMIS.

Eh ! laiffés-vous aller à ce doux mouvement,
~~Monfieur ! ayés pitié d'Elle & de fon Amant.~~
~~Je ne vous rejoignois, après ma lettre lûe,~~
~~Que pour fervir Dorante, à qui Lucile eft dûe.~~
~~Laiffés là ma fortune ; & ne fongés qu'à Lui.~~

M. FRANCALEU.

Pour Dorante, où donc est votre ressentiment ?
~~Votre Ennemi mortel ! Qui vouloit aujourd'hui....~~

Il m'aimoit, mon aveu n'attend plus que le vôtre.

DAMIS.

Soufrés que ma vengeance à cela se termine.

M. FRANCALEU.

Le fils d'un chicanneur

~~Mais c'est le Fils d'un Homme~~ ardent à ma ruine !

DAMIS *lui remettant une Lettre ouverte.*

Non : voilà qui met fin à vos inimitiés.

SCENE DERNIERE.

DORANTE, M. FRANCALEU, DAMIS, LUCILE.

DORANTE *se jettant aux genoux de M. Francaleu.*

ECOUTE'S-MOI, Monsieur ! ou je meurs, à vos pieds,
~~Après avoir percé le cœur de ce Perfide !~~
~~Il est tems que je rompe un silence timide.~~
~~J'adore votre Fille. Arbitre de mon sort,~~
~~Vous tenés en vos mains & ma vie, & ma mort:~~
~~Prononcés. Et soufrés cependant que j'espére.~~
~~Un malheureux procès vous brouille avec mon Pére.~~
~~Mais vous futes Amis. Il m'aime tendrement ;~~
~~Le procès finiroit par son désistement.~~
~~Je cours donc~~ me jetter à ses pieds, comme aux vôtres !
Faire, à vos intérêts, immoler tous les nôtres !
Vous réünir tous deux, tous deux vous émouvoir,
Ou me laisser aller à tout mon désespoir ! (*à Damis.*)
D'une ou d'autre façon, tu n'auras pas la gloire,
Traître, de couronner la méchanceté noire
Qui *t'a fait, à mon pére*
~~croit avoir ici disposé tout pour Toi;~~
~~Et qui t'a fait écrire, à Paris, contre Moi.~~

DAMIS.

~~Enfin l'on s'entendra, malgré votre colére.~~
~~J'ai véritablement écrit à votre Pére~~
après m'ôter Vange du plus méchant des hommes.
J'adore . . . . Mr. Francaleu
. . . . ou sommes ?

~~Dorante. Mais je crois avoir fait~~ *contre* ce qu'il faut.
Monfieur tient la réponfe ; & peut lire tout haut.

M. FRANCALEU *lit.*

Aux traits dont vous peignés la charmante Lucile ;
Je ne fuis pas furpris de l'amour de mon Fils.
Par fon Médiateur, il eſt des mieux fervis ;
Et vous plaidés fa caufe, en Orateur habile.
La rigueur, il eſt vrai, feroit très-inutile ;
Et je défére à vos avis.
Reſte à lui faire avoir cette Beauté qu'il aime.
Il n'aura que trop mon aveu.
Celui de Monfieur Francaleu,
Puiſſe-t'il s'obtenir de même !
Parlés, preſſés, priés ! Je défire, à l'excès ;
Que fa Fille, aujourd'hui, termine nos procès ;
Et que le don d'un Fils qu'un tel Ami protége,
Entre nous deux, renouvelle à jamais
La vieille amitié de Collége.

METROPHILE.

(*à Dorante.*) Maîtreſſe, Amis, Parens, puiſque tout eſt
pour Vous ;
Aimés donc bien Lucile, & foyés fon Epoux.

DORANTE.

Ah ! Monfieur ! (*baiſant la Lettre*) ô mon pére ! (*à Lucile.*) enfin
je vous poſſéde.

DAMIS.

Sans en moins eſtimer l'Ami qui vous la céde ?

DORANTE.

Cher Danis ! Vous devés en effet m'en vouloir ;

Et

Et vous voyés un homme....
DAMIS.
Heureux.
DORANTE.
Au défespoir.

Je fuis un Monftre !
DAMIS.
Non ; mais en termes honnêtes,
Amoureux, & François, voilà ce que vous êtes.
DORANTE.
Un Furieux ! Qui plein d'un ridicule éfroi,
Tandis qu'il agiffoit fi noblement pour Moi,
Impitoyablement, ai fait fifler fa Piéce.
DAMIS.
Quoi?... Mais je m'en prens moins à vous, qu'à la
  Traîtreffe
Qui vous a confié que j'en étois l'Auteur.
Je fuis bien confolé : J'ai fait votre bonheur.
DORANTE.
J'ai demain, pour ma part, cent places retenuës ;
Et veux, après demain, vous faire aller aux nuës.
DAMIS.
Non ! J'apelle en Auteur foumis, mais peu craintif,
Du Parterre en tumulte, au Parterre attentif.
Qu'un fi frivole foin ne trouble pas la fête.
Ne fongés qu'aux plaifirs que l'Hymen vous aprête.
Vous, à qui cependant je confacre mes jours,
MUSES ! tenés-moi lieu de fortune & d'amours.

Fin du cinquiéme & dernier Acte.

Page 69. Vers quinziéme, pour voix, *lisez* pour loix,
La vérité.

Leçons Grammaticales ou Tableaux analytiques
par l'abbé Gautier 1788.

Medit.on des. Dupont en 6 vol